AF453480

MÉMOIRE

QUELQUES PAPYRUS DU LOUVRE.

MÉMOIRE

SUR

QUELQUES PAPYRUS DU LOUVRE,

PAR M. G. MASPERO.

EXTRAIT DES NOTICES ET EXTRAITS DES MANUSCRITS.

TOME XXIV, 1ᵉ PARTIE.

PARIS.

IMPRIMERIE NATIONALE.

M DCCC LXXV.

MÉMOIRE

SUR

QUELQUES PAPYRUS DU LOUVRE.

I.

LE CHAPITRE DE LA BOUCLE, 🜊,

D'APRÈS LES PAPYRUS ET LES AMULETTES DU LOUVRE.

Les Égyptiens avaient l'habitude de déposer sur les momies
un certain nombre d'amulettes, vautours, colliers, tats ⨍, che-
vets Y, destinés à équiper le mort, à le garder d'accidents
fâcheux, ou même à lui procurer certains avantages dans l'autre
monde. Le Rituel funéraire ordonnait d'y graver une prière
ou plutôt une formule magique qui donnait plus d'efficacité au charme; mais l'exiguïté des objets et la nature des
substances dont ils étaient composés ne permettaient pas sou-
vent aux fidèles l'accomplissement de cette prescription. La
plupart de ces amulettes sont muets; quand, par hasard, ils
portent des caractères, ce sont toujours des lambeaux détachés,
des fragments plus ou moins longs, rarement un morceau

complet. Le texte officiel des prières qu'on devait y inscrire serait donc, sinon impossible, au moins fort difficile à établir, si les différents exemplaires du *Livre des morts* ne nous l'avaient conservé [1].

Parmi ces amulettes, un des plus communs est le ⸢ ⸣, *t'a-t*, *nœud* ou *boucle de ceinture*. Fait tantôt en or [2], tantôt en biscuit et en terre émaillée, tantôt en une pierre de teinte rouge, jaspe, cornaline, porphyre, que les Égyptiens désignaient sous le nom de ⸢ ⸣ [3], ou en bois de sycomore noirci [4], parfois bordé d'un filet d'or, parfois entièrement doré, les Égyptiens le plaçaient au cou des momies. On trouve souvent deux *t'a* placés l'un à côté de l'autre; quand ces *t'a*, généralement en terre cuite, ont une inscription [5], ils portent le chapitre vi du Rituel, comme les statuettes funéraires si nombreuses dans nos musées [6]. Les *t'a* simples sont rarement écrits. Sur une trentaine que possède le musée du Louvre [7], quatre seulement ont été gravés; encore l'un d'eux ne donnet-il que le nom de son possesseur, et un autre la légende suivante :

Chapitre de la boucle : Salut à la boucle qui te fait reposer en paix dans ton corps, prophète d'Astarté, Rabrabina surnommé Abi [8].

---

[1] *Todtenbuch*, pl. LXXV et LXXVI, chapitres clv-clx.

[2] *Rituel hiéroglyph. de Leyde*, pl. XIV, l. 297.

[3] *Todtenbuch*, ch. clvi, l. 1.

[4] *Id.* l. 2.

[5] Ainsi, au Louvre, les amulettes 3706, 3707.

[6] Voir dans Chabas, *Sur le ch. vi du Rituel funéraire*, la traduction de ce chapitre

[7] Louvre, *Salle religieuse*, vitrine L.

[8] Louvre, amulette 4568.

Le groupe ⚊, mal gravé, est méconnaissable sur l'original ; mais la restitution en est aisée, par analogie avec les nombreuses formules analogues dont fourmillent les textes sacrés de l'Égypte. Le nom ⚊ est une faute du graveur pour ⚊, עֶשְׁתָּרְת. Le prêtre de cette divinité sémitique était lui-même un Sémite, dont le nom présente quelques difficultés de déchiffrement. Le ⚊ final sert d'ordinaire à rendre la flexion ɩ. Dans le groupe ⚊, *rabpïï* (*sep sen*), le signe de la réduplication ⚊, *sep sen*, indique que le mot ⚊, *rabpïï*, écrit une seule fois sur l'amulette, se répétait dans le langage et se prononçait ⚊, *rabpïïrabpïï* ou *rabprabpïï* : le] *b*, *v*, ב, doublé du ▪ *p*, פ, servait à noter le *b* dur qui n'existait pas en égyptien. Le nom ⚊ répond donc à un pluriel רַבְרְבִין ou à un singulier רַבְרְבָן, qui signifie *le prince*. Le surnom égyptien de ce personnage était ⚊, *Abi*.

Le grand Rituel hiéroglyphique de Leyde nous a conservé lui aussi un chapitre du *t'a*, qui n'est ni le chapitre des papyrus, ni le chapitre de l'amulette 4568 du Louvre :

Chapitre du nœud d'or. A dit l'Osiris *Nes-χu*, le véridique, fils de la dame..... [2] la véridique : Les charmes d'Osiris, les incantations du souverain de l'Éternité, gravés sur du cœur de sycomore, mis au cou du défunt.....

[1] *Pap. hiér. de Leyde*, pl. XIV, l. 297. 298.

[2] Le nom de la mère du défunt n'a pas été écrit.

L'incorrection bien connue de ce manuscrit ne me permet pas de saisir d'une manière exacte les derniers groupes du chapitre. Peut-être les signes , sont-ils pour , *dit le dieu Râ,* auquel cas il faudrait traduire : «Les charmes d'Osiris, «les incantations du souverain de l'Éternité, gravés sur du «bois de sycomore, mis au cou du défunt, dit le dieu Râ. »

Enfin le papyrus 3283 du Louvre donne un texte qui diffère par endroits, et par endroits se rapproche du texte ordinaire de notre chapitre :

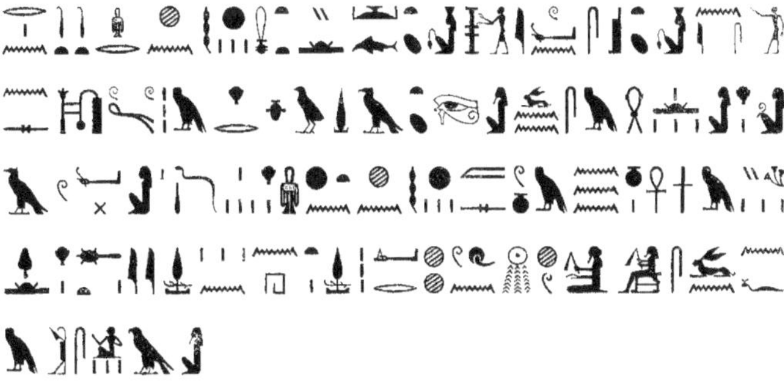

Chapitre du Tat de cornaline. — Copie : Nephthys a fait (litt. a construit), Isis a récité les formules qui sont au milieu de l'œil mystique, puisse-t-il être derrière moi pour me garder. — Réciter sur un Tat de cornaline, oint d'essence de fleur anχ-amû, ou fabriqué en cœur de sycomore, qu'on met au cou du défunt vénérable, pour qu'il soit au nombre des serviteurs d'Horus.

Le chapitre du , *t'a-t,* se trouve aux papyrus 3079, 3081, 3084, 3086, 3088 *i,* 3089, 3091, 3099, 3128, 3129, 3142 (époque romaine), 3144, 3248, 3257, 3661, 5450,

[1] Le papyrus appartenait à une femme, d'où la forme pour le pronom de la première personne.

6130, au *Todtenbuch,* pl. LXXV, chap. clvi, et sur les deux
amulettes du Louvre, n°s 4564 et 4556 [1]. Les deux amulettes,
ainsi que les papyrus 6130, 3099 et 3661, ne comprennent
que l'invocation proprement dite, la prière qui fait le fond du
chapitre [2]; les papyrus 3142 *i* et 3121 contiennent, en plus,
les prescriptions à employer pour la confection de l'amulette,
mais s'arrêtent en cet endroit. Il ne reste d'utiles que quinze
manuscrits, les papyrus 3079, 3081, 3084, 3086, 3088,
3089, 3091, 3099, 3128, 3129, 3144, 3248, 3257, 5450,
et le *Todtenbuch.* Ils suffisent pour établir le texte du chapitre.

Au premier examen, on s'aperçoit que le chapitre du *ta-i*
existe dans les manuscrits sous deux formes assez différentes,
que je me suis efforcé de déterminer. Le titre commun des
deux versions est :

Chapitre de la boucle en cornaline placée au cou du défunt.

---

[1] L'amulette 4564 avait été gravé avant
d'être vendu. Aussi le chapitre commence-
t-il par cette singulière formule : [hiéroglyphes],
A dit un tel. Le nom du défunt,
[hiéroglyphes]
*le scribe du trésor du seigneur des deux
mondes, chef de l'œuvre, Ennà,* a été ajouté
par la suite, ainsi que la formule [hiéroglyphes]
[hiéroglyphes], *il dit,* qui met dans sa bouche la
prière attribuée à *un tel* par le premier
graveur. Ce scribe trésorier, *Ennà,* serait-
il l'*Ennà* du *British Museum,* l'auteur du
Conte des deux frères?

[2] Depuis que ce mémoire a été lu à
l'Institut en 1871, M. Birch a publié une
étude sur le *Tat,* d'après les amulettes du
British Museum (*The Amulet of the Tie*
dans la *Zeitschrift,* 1871, p. 13-15). J'ai
ajouté en note les variantes importantes
que M. Birch a signalées. Il résulte de ces
variantes que les amulettes du *British Museum,* comme ceux du Louvre, ne portent
que la formule initiale du chapitre.

[3] [hiéroglyphe], pap. 3142, 3144, 3079 : [hiéroglyphe]
[hiéroglyphe], pap. 3661; [hiéroglyphe], amulette 4566.

[4] [hiéroglyphe], pap. 3142; [hiéroglyphe], pap. 3091.

[5] [hiéroglyphe], pap. 3099.

[6] [hiéroglyphe], pap. 3099.

[7] Pap. 3128, 3086 et 3089 ont pour
titre : [hiéroglyphes], sans rien de plus;
le papyrus de Luynes (3661) : [hiéroglyphes]
[hiéroglyphes].

Voici maintenant les deux textes :

I.

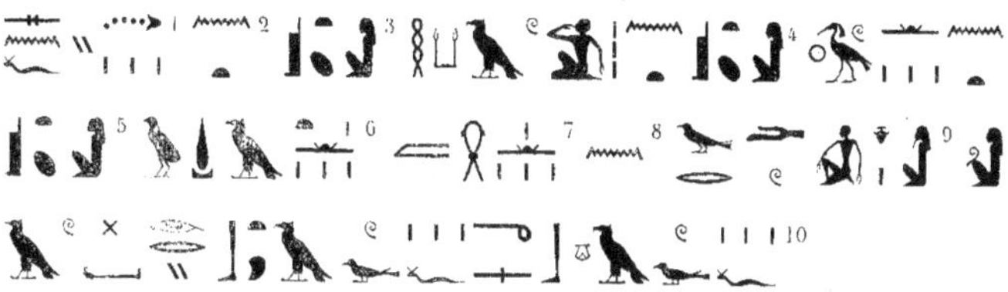

Le sang d'Isis, les conjurations d'Isis, les vertus d'Isis, sont des amulettes qui protégent le dieu immobile et brisent ce qui lui fait horreur, *variante*, ce qui le fait défaillir.

[1] ━, pap. 3081. 3128, 3661 : ━ , pap. 3259; ━ , pap. 3099 : ━ , pap. 3129.

[2] ━, pap. 3081; ━, pap. 3086; la préposition passée au pap. 3661.

[3] ━, pap. 3099.

[4] ━, amulette 4566; ━, papyr. 3144; ━, pap. 3661; le membre de phrase : ━ passé aux pap. 3142 *i*, 3161; ━. *Todtenbuch*, pap. 3091; au lieu de ━, le pap. 3084 a partout ━.

[5] Le membre de phrase : ━ passé aux pap. 3027. 3079, 3081, 3086, 3088, 3091. 3128, 3129, 3142 *i*, 3144, 3248. 3257, 5450 et au *Todtenbuch*; il est en surcharge et peu lisible au pap. 3091.

[6] ━, pap. 3079. 3088, 3248; ━, pap. 5450; ━

[6] ━, pap. 3661; ━, pap. 3084, [7] ━, am. 4566; ━, am. 4564.

[8] ━ manque aux pap. 3081, 3084, 3091, 3027, 3142, 3248, 3428, 3661, 6130; aux am. 4563, 4564, et au *Todtenbuch*. A partir de cet endroit, le papyrus 3099 devient tellement fautif, que je ne puis mieux faire que d'en donner le texte en une seule fois, au lieu de disséminer parmi les variantes les erreurs dont il est rempli : ━

[9] Pap. 3086, 3089, 5450. 3079, 3144. 3248, 3257. 3128, *Todtenbuch*.

[10] Pap. 3027; ━, pap. 3428; ━, pap. 3128; ━, pap. 3079, 3144, 3248; ━, pap. 3086, 3088; ━, pap. 3089.

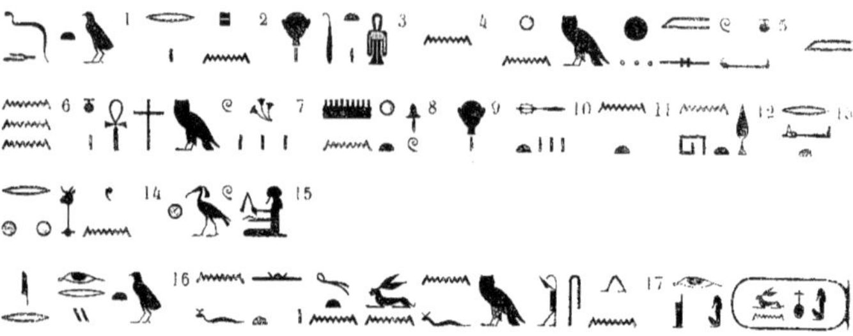

Ce chapitre se dit sur une boucle de cornaline, ointe d'essence d'anχ-amû ou fabriquée en cœur de sycomore, qu'on met au cou du défunt.

Si l'on accomplit pour le défunt cette prescription, il est un serviteur d'Osiris (Unnower) le véridique, et les portes du Nuter-Xert lui sont ou-

1 , papyr. 3084, 3142; , pap. 3084; , pap. 3027, 3248. *Todtenbuch;* , pap. 3081.

2 , passé au pap. 3084, 3142, 3242, 3248, et au *Todtenbuch.*

3 , pap. 3081, 3091; , pap. 3088; , pap. 3084; , pap. 3144; , pap. 3079.

4 , pap. 3142 *i;* , pap. 3081, 3089; la préposition passée au pap. 3428.

5 , *Todtenbuch;* , pap. 3142; , pap. 3091; au lieu de ce verbe, le pap. 3128 porte , *placé dans...*

6 , pap. 3081, etc.

7 , pap. 3081.

8 , papyr. 3081; , papyr. 5450; , pap. 3428.

9 , passé au pap. 3428.

10 , pap. 3079, 3084, 3091, 3144;

11 , pap. 3086, 3089, 3248; , pap. 3129.

11 , pap. 3081, 3086, 3089, 3248; la préposition passée aux pap. 3079, 3144.

12 , pap. 3079, 3081, 3144; , pap. 3084, 3091.

13 , *Todtenbuch,* pap. 3248; pap. 3088; , pap. 3081; pap. 3084.

14 , pap. 3081, 3084; , pap. 3079, 3088, 3144, 3248.

15 , pap. 3079, 3084, 3088, 3144, 3428, 5450, *Todtenbuch;* , pap. 3081.

16 Toute cette fin manque aux papyrus 3128 et 3142, ce dernier, d'époque romaine; , papyr. 3088; , papyr. 3144.

17 , pap. 3088, 3144; manque aux pap. 3084 et 3144.

vertes; [car cette prescription] est une vertu d'Isis qui le protége, et Horus.
fils d'Isis, se réjouit en voyant cela.

II.

Le sang d'Isis, les conjurations d'Isis, les vertus d'Isis [sont] des amulettes qui protégent CE GRAND [et] brisent ce qui lui fait horreur.

, passé aux pap. 3084 et 3088.

, pap. 3088.

Toute cette phrase, depuis jusqu'à inclusivement, est passée au pap. 3081.

, pap. 3081.

, passé au pap. 3081.

, pap. 3079, 3081, 3088, 3089, 3144.

, pap. 3144.

, pap. 3081.

se rapporte ici non pas à Horus, non pas à , tâi-t, prescription, mais à l'objet qui fait le sujet de cette prescrip-tion, à l'amulette lui-même. Cela est donc mis pour le mot amulette.

[10] , pap. 3661; , amul. 4566; British Museum, am. 8249 b, d, e.

[11] , amul. 4566; , pa-pyr. 3084, 3091; , pap. 3088, 5450; , pap. 3079; , am. 4564. La variante s'explique fort bien par une faute du graveur. Ayant sur son texte hiératique : , il aura lu : , qui n'offre aucun sens.

[12] , passé au pap. 3129; remplacé par au pap. 3661; , pap. 3084, 3091, 3129; , am. 4566; , pa-pyr. 3088.

[13] , pap. 3661;

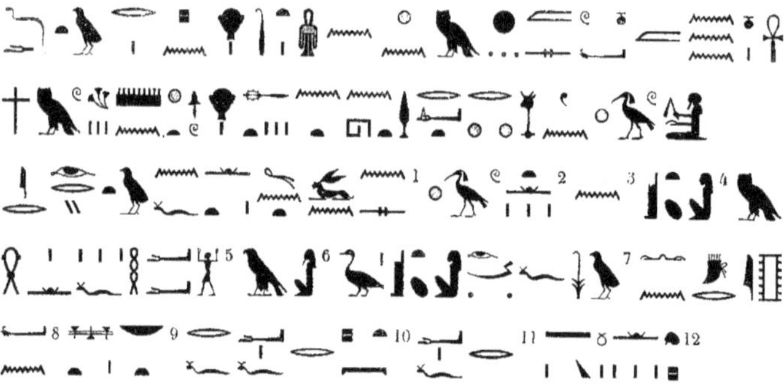

Ce chapitre se dit sur une boucle de cornaline, ointe d'essence de fleurs anχ-amû, [ou] fabriquée avec du cœur de sycomore, qu'on met au cou du défunt.

Si l'on accomplit cette prescription pour le défunt, c'est une vertu d'Isis qui le protége, [et] Horus, fils d'Isis, se réjouit en voyant cela : aucune route ne lui est fermée, qu'il se dirige vers le ciel, qu'il se dirige vers la

pap. 6130; au pap. 3084; . pap. 5450; manque aux pap. 3081, 3084, 3142, 3144, 6130. Les amulettes du *British Museum* donnent, au lieu de : de nos textes, les variantes suivantes : , am. 8249 *d, contre ce qui est abominable;* , am. 8249 *e, contre les actions qui lui font horreur;* et enfin , am. 8249 *b, pour le garder contre les abominations que produit le cuir puissant de Set.* Nous retrouverons plus loin, dans le *Rituel de l'embaumement,* le cuir de Set employé à fabriquer des amulettes.

[1] , pap. 3081.

[2] , *Todtb.;* , pap. 3091

[3] manque au pap. 3081.

[4] Les pap. 3091, 5450 ont , *Asar,* au lieu de , *As-t.*

[5] , pap. 3084, 3091, 5450.

[6] , pap. 3081, 3091, 5450.

[7] Ce membre de phrase, passé au papyr. 3091; , papyr. 3079, 3084, 3086, 3089, 3144.

[8] , passé au pap. 3129; , même papyrus; pap. 3084.

[9] , pap. 3091; *Todtb.*

[10] , *Todtb.;* le membre de phrase, passé aux pap. 3084, 3091, 5450.

[11] , passé au pap. 3091; pap. 3084.

[12] , papyr. 3091; , papyr. 3084, au lieu de .

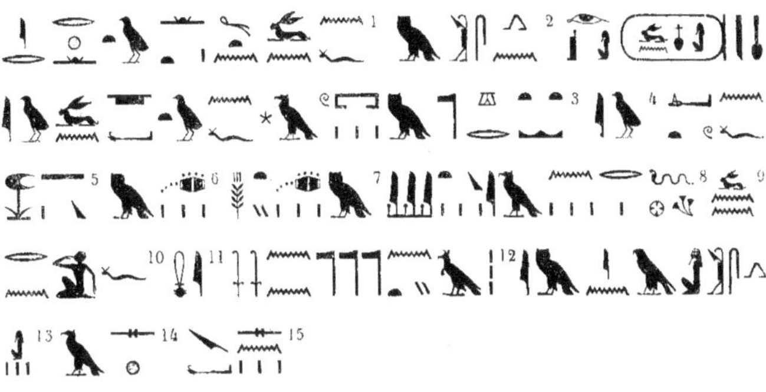

terre; les rapports qu'on fait de lui sont excellents (?) *ou le compte de ses actions est excellent* (?).

Si le défunt sait cette prescription, il est un serviteur d'Osiris (*UNNOWER*) le véridique, les portes de la région infernale lui sont ouvertes, [et] il lui est donné un champ ensemencé de blé et d'orge, dans le champ d'Aalù [car] « Il est comme les dieux qui s'y trouvent » disent les *Serviteurs d'Horus* qui y moissonnent.

[1] , pap. 3091.

, pap. 3084.

[2] Le membre de phrase ne se trouve qu'au *Todtenbuch* et au papyr. 3129. Au pap. 3084, on trouve : *les portes du ciel inférieur dans le Nuter-χert*.

[3] Manque partout, sauf aux pap. 3084, 3091.

[4] , pap. 3091; le pap. 3129 porte , *ment-u, des rations journalières de blé et d'orge*.

[5] Pap. 3091, passé.

[6] Pap. 3091, , au lieu de .

[7] , pap. 3084 : , pap. 3091.

[8] , pap. 3091; pap. 3084, probablement : , *il arrive jusqu'à ces dieux*. Diverses considérations, que je me propose d'exposer ailleurs, m'ont amené à considérer les formes , comme une sorte de forme pronominale analogue aux formes , , signalées par M. de Rougé (*Chrestomathie*, 2ᵉ fasc., p. 54-62).

[9] , pap. 3129.

[10] Pap. 3091, .

[11] , pap. 3129.

[12] Pap. 3091, 3129, .

[13] , pap. 3084.

[14] , pap. 3091, 3129.

En comparant les deux versions, on reconnaît que le chapitre du ⸗ se divise en trois parties :

1° Une prière ou plutôt une formule magique en faveur du
défunt;

2° Une instruction relative à l'amulette lui-même;

3° Une énumération des avantages que la possession de
l'amulette assure au défunt dans l'autre monde.

Dans la première partie, Isis joue le rôle de divinité protectrice. Attirée et comme contrainte par la puissance de l'amulette, elle donne au mort son sang, ses invocations, ses vertus
magiques, ainsi qu'elle avait fait jadis pour Osiris[1]. La variante
⸗ 𓏏𓊨, *Osiris* pour 𓊨𓏏, *Isis*, que donnent quelques manuscrits[2], n'est qu'une erreur du scribe; la forme hiératique 𓊨𓏏𓆇,
Isis, aura été confondue avec la forme 𓊨𓏏𓆇, d'*Osiris*, où la pru-
nelle, ●, a la valeur phonétique de l'œil entier, ⸗. C'est donc
le nom d'Isis qui doit se trouver après chacun des mots ⸗𓏤,
𓊨𓏏𓂝𓐰, ●𓅆𓏤, et non pas celui d'Osiris.

Le défunt étant toujours identifié avec Osiris, c'est Osiris
que désignent les termes 𓀭 ou ⸗𓏤𓊨, mot à mot *ce grand, ce
chef*, et ⸗𓂝𓐰𓏤𓊨, *le dieu au cœur immobile* ou simplement *le
dieu immobile*, selon que l'on considère le 𓏤 final comme un
groupe phonétique ou qu'on le regarde comme un simple déterminatif du mot ⸗𓂝𓐰, *cesser, se reposer, rester immobile*[3].
La différence de signification mythologique des deux noms
est bien sensible : ⸗𓊨, c'est *Osiris, maître des dieux, chef des
bons*; ⸗𓂝𓐰𓏤𓊨, c'est *Osiris réduit à l'immobilité, Osiris-momie*.
Notez d'ailleurs que les papyrus ne donnent jamais les deux
noms à la fois : ⸗𓊨⸗𓂝𓐰𓏤𓊨, et que la variante ⸗
𓂝𓐰𓏤𓊨 entraîne dans les papyrus qui la renferment une

---

modification de la formule finale. Au lieu d'y lire : [hieroglyphes] [hieroglyphes], comme dans les papyrus qui appellent Osiris [hieroglyphes] [hieroglyphes], *Ûr pen*[5], on y lit : [hieroglyphes]. Cette variante, [hieroglyphes], n'est pas comme la variante [hieroglyphes], du papyrus 545o[6], une variante erronée de [hieroglyphes]; dérivée du verbe [hieroglyphes], *s'affaiblir, s'affaisser*, elle signifie au propre *défaillance, faiblesse*, et fait parallélisme au nom [hieroglyphes], *le dieu immobile, le dieu-momie*.

La deuxième partie n'offre dans les deux versions que des variantes graphiques insignifiantes; quelle que fût la rédaction qu'on adoptât, il fallait la graver sur un amulette de pierre rouge ou de bois de sycomore.

C'est dans la troisième partie qu'on observe les différences les plus considérables. Il s'agit d'exposer les avantages que le défunt doit retirer de la possession d'un [hieroglyphe] de pierre rouge ou de sycomore dans l'autre vie. Une partie des manuscrits s'exprime de la sorte : «Si l'on accomplit cette prescription pour « le défunt, il est un serviteur d'Osiris (*Unnower*) le véridique, « [et] les portes lui sont ouvertes dans la région infernale; [*car*] « cette prescription est une vertu d'Isis qui protége le défunt, « et Horus, fils d'Isis, se réjouit en voyant l'amulette. » Les autres papyrus subdivisent cette partie en deux points :

1° Ils exposent les avantages qui sont accordés au défunt lorsque les parents ou amis qu'il a sur terre accomplissent pour lui les prescriptions du *chapitre du T'a-t* : « Le *t'a-t* devient « pour lui une vertu d'Isis qui le protége, [*et*] Horus, fils d'Isis, « se réjouit en voyant l'amulette. » Jusqu'ici, ce sont les termes mêmes de la première version; mais les papyrus ajoutent : «Aucune voie ne lui est fermée, qu'il se dirige vers le ciel, « qu'il se dirige vers la terre ([hieroglyphes], mot à mot son bras, « sa *direction est* vers le ciel; son bras, sa direction est vers la

« terre). » Au *Todtenbuch*, c'est Horus lui-même qui parle : « Je
« ne lui ferme aucun chemin (⎯🜍⫾▯⌣🜨⚊⌣⊏), qu'il se
« dirige vers le ciel ou vers la terre. » Le *Livre de connaître ce
qui est dans le ciel inférieur*, si souvent gravé à Thèbes dans les
tombes royales de la xixe et de la xxe dynastie, nous montre
ce qu'étaient ces chemins sur lesquels devait s'engager le défunt. La clause finale est des plus obscures : que signifient les
mots ⌗穴, et d'abord, comment faut-il lire le groupe ⌗? Un
manuscrit du Louvre, généralement correct, le papyrus 3084,
au lieu de ⌗穴, donne ⎜🜨⫾⊙🜩⚋, mot à mot *rapport de première
qualité, rapport excellent*. Je suppose que ce membre de phrase
a trait au défunt : grâce à la possession du 🜩, le rapport qu'on
fait sur ses actions terrestres devant le tribunal d'Osiris lui est
favorable ; ⌗穴 pourra signifier alors *le compte* [*de ses actions
est*] *excellent ;* mais ce sens est fort douteux.

2° Si le défunt non-seulement possède un 🜩 *t'a-t*, mais encore sait par cœur la prière gravée sur l'amulette, sa destinée
devient meilleure encore : « Il est un des serviteurs d'Osiris
« (*Unnower*) le véridique ; les portes lui sont ouvertes dans la
« région infernale ; on lui donne un champ ensemencé de blé et
« d'orge, dans la plaine d'Élysée ; et les *Hor-s'esu*, les serviteurs
« d'Horus, les âmes heureuses qui s'y trouvent, disent qu'il est
« comme les dieux qui habitent ces régions. » Il est à noter
que cette subdivision de la troisième partie ne se rencontre
pas indifféremment dans tous les manuscrits : elle ne se trouve
guère que dans ceux des papyrus qui ont la variante ⊐⚋🜩
du nom d'Osiris, et la formule ⎟⸢🜨⊙⌣⌣, au lieu de ⎟⸢🜨⊙
▭⎯⎟🜨⊙⌣.

Il résulte de cette étude, qu'au moins dans le chapitre
du 🜩, à côté des variantes accidentelles dues à l'ignorance
ou à la négligence des scribes, il y a des variantes voulues

qui s'attirent et se répondent mutuellement, si bien qu'il suffit :

1° De rencontrer dans un manuscrit la variante *Ûrdû*[*-ab*], du nom divin, pour être presque certain de trouver , à la fin de la prière et de n'avoir qu'une seule formule dans la troisième partie;

2° De rencontrer dans un manuscrit la variante *Ûr pen*, du nom divin, pour être presque certain de trouver , à la fin de la prière, et d'avoir une troisième partie subdivisée en deux clauses distinctes. J'ai eu l'occasion d'observer le même fait sur d'autres chapitres du Rituel, ce qui m'a permis de proposer un principe nouveau : celui de la *corrélation des variantes*.

On voit les résultats auxquels peut conduire l'application de ce principe. En dégageant les variantes organiques du chaos des variantes accidentelles, on arrivera à séparer, s'il y a lieu, les différentes versions du même chapitre, à constater les altérations que les textes sacrés ont éprouvées dès les temps anciens, et peut-être à retrouver dans ces altérations la trace des révolutions religieuses et des hérésies dont l'antique Égypte eut tant à souffrir.

II.

LE RITUEL DE L'EMBAUMEMENT,

D'APRÈS LE PAPYRUS 5158 DU LOUVRE ET LE PAPYRUS N° 3 DE BOULAQ.

Le papyrus 5158 du Louvre se compose, dans son état actuel, de deux fragments qui renferment les débris de trois pages d'un texte funéraire orné de vignettes. C'est un manuscrit d'époque gréco-romaine, écrit très-finement dans un hiératique très-lisible; les figures sont dessinées avec soin, d'un style un peu sec. Il avait été déposé sur la momie d'un haut personnage de race cléricale :

Je ne me charge pas d'expliquer tous les titres de ce personnage et de sa mère. Il suffit de savoir d'une manière générale qu'il s'appelait Hor, fils de la dame Isires‘āût. Il était attaché au culte d'Ammon-Râ et de Bast dans Thèbes : c'est donc probablement à Thèbes qu'il fut enterré et de Thèbes que provient le manuscrit du Louvre.

Les deux fragments *a* et *b* se raccordent l'un à l'autre. La seconde colonne de *b* se termine par les mots écrits hors cadre : ⸋⸋⸋, dont la suite se trouve au sommet de la seconde colonne de *a* : ⸋⸋⸋, *Il vient à toi Horus, seigneur d'Hipponon, dieu grand dans Meh‘t*. Entre la première ligne de la seconde colonne de *b* et la dernière ligne de la première colonne d'*a* se trouvaient plusieurs lignes d'écriture aujourd'hui détruites. Évaluer l'étendue de cette lacune était assez difficile : j'avais cru pouvoir le faire avec un certain degré de certitude. J'avais remarqué, en effet, que tous les manuscrits d'époque gréco-romaine écrits du style de notre papyrus 5158 ont ordinairement de vingt-trois à vingt-cinq lignes à la page. Les deux fragments *a* et *b* donnent, pour la deuxième colonne, vingt et une lignes conservées en tout ou en partie.

Il pouvait donc y avoir entre le fragment *a* et le fragment *b* quatre lignes au plus d'écriture aujourd'hui détruite.

L'étude attentive de ces débris m'avait révélé un texte inédit. Au lieu d'un *Livre des morts* ou d'un *Livre des respirations*, j'avais sous les yeux les dernières pages d'un véritable *Rituel d'embaumement*, mais dans un état de mutilation tel, qu'il devenait difficile d'en tirer grand parti. J'allais néanmoins me décider à le publier tel quel, dans l'espoir de faire sortir des musées ou des collections privées les autres manuscrits du même ouvrage qu'ils ne pouvaient manquer de renfermer, lorsque M. Mariette voulut bien me communiquer en épreuves le premier volume des Papyrus du musée de Boulaq. J'y découvris de suite, dans le papyrus n° 3, un exemplaire beaucoup plus complet du Rituel si déplorablement mutilé dans le papyrus 5158 du Louvre. Le papyrus n° 3, à en juger par l'écriture, est de la même époque que le papyrus 5158, et, s'il n'est pas de la même main, au moins peut-on assurer qu'il a été copié d'après le même original. Vers les dernières lignes, un titre d'Anubis a été passé, et la place où il devait être, laissée en blanc dans les deux manuscrits :

Ce fait ne peut s'expliquer qu'en supposant dans un même original un groupe ou une série de groupes effacés par accident ou par erreur, et que le scribe n'a su comment remplir.

Le papyrus de Boulaq avait été préparé à l'avance, et des espaces réservés afin d'y insérer après coup le nom de la personne qui l'achèterait ou pour qui on l'achèterait. Il fut com-

---

[1] Pap. 5158, col. 2, l. 21; pap. n° 3, p. ix, l. 11.

plété pour le compte d'H'eter, fils d'Horsiési, né de la dame Taïh'o.

Soit précipitation, soit négligence, les blancs n'ont été remplis que sur une ou deux pages du papyrus; encore l'ont-ils été d'une si mauvaise écriture, que les noms du défunt et de sa mère sont à peine lisibles. Il en reste assez néanmoins pour nous convaincre que nous avons affaire au prêtre H'eter, dont le sarcophage a été publié en partie par M. Brugsch[1].

Le papyrus funéraire d'H'eter n'est pas complet. Les premières pages ont disparu, et je ne sais si cette lacune pourrait être comblée au moyen de l'exemplaire du même texte que doit renfermer le musée égyptien de Vienne. Il se compose, dans son état actuel, de dix pages, dont la première est presque entièrement détruite, et la seconde a perdu le commencement de la plupart des lignes; le reste est dans un état excellent de conservation. Les vignettes n'ont jamais été dessinées, bien qu'on eût réservé, dans la partie supérieure du rouleau, un espace vide où les mettre. J'ai cru qu'avant de donner la transcription hiéroglyphique de la partie du Rituel d'embaumement que contient le papyrus 5158 du Louvre, il ne serait pas inutile de proposer, pour la partie qui ne se trouve que dans le papyrus de Boulaq, un premier essai de traduction. Cet essai

---

[1] *Monuments*, I, pl. XVII, XXXV et XXXVI.

sera bien incomplet : j'espère qu'il attirera l'attention des savants sur un livre jusqu'à présent inconnu.

PAGE II.

(Ligne 1)« . . . . . argent : Osiris fait pour toi des provisions, le dieu grand fait pour toi les souffles. » Après quoi, enduire la tête de parfums bons, bons.

Dire :

« Ô Osiris (l. 2) N ![1] Le voici pour toi le parfum venu d'Arabie pour perfectionner ton odeur au moyen de l'odeur de dieu ! Les voici pour toi, les fluides émanés de Râ pour perfectionner (l. 3). . . . .[2] ton odeur dans la salle [du jugement]. Âme odorante du dieu grand, tu récèles en toi[3] un parfum délicieux, si bien que ta figure ne s'altère pas, et ne périt pas, (l. 4). . . . . Osiris N. Tes membres [se rajeunissent] dans l'Arabie ; ton âme se manifeste sur ton corps dans le Tâ-nuter. Le voici pour toi [cet] Horus, issu d'Osiris ; [les voici pour toi] ces amulettes (l. 5). . . . [4] qui sort de lui. »

Ensuite prendre un vase de liqueur où se trouvent dix parfums [divers] et parmi eux les essences dont Hût a fait faire le compte (?), le. . . prend[5] (l. 6). . . . . par deux fois, depuis la tête et le coude jusqu'à la plante des pieds, [mais] en te gardant bien d'oindre la tête[6].

Dire :

« Ô Osiris N ! (l. 7) tu as reçu un parfum de fête[7] qui rend tes membres

[1] J'ai substitué partout au nom du défunt la lettre de convention en pareil cas. N. . .

[2] Lacune d'un tiers de ligne.

[3] 

[4] Le texte gravé donne  à la fin de la ligne 4. Je ne doute pas qu'il n'y eût  dans le manuscrit. Il y a une lacune d'environ un tiers de ligne au commencement de la ligne 5.

[5] 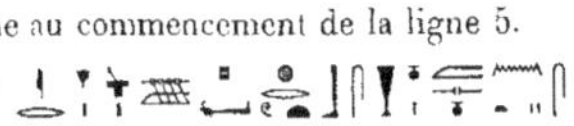

Je ne sais trop si j'ai bien compris le mot à mot de cette phrase ; en tout cas, je n'ai pas saisi son sens mystique. Le nom du prêtre est écrit par un signe dont je ne connais pas l'équivalent hiéroglyphique.

[6] . Peut-être doit-on traduire : *éloigne-toi, tandis qu'on oint la tête.*

[7] Ou simplement du parfum *h'eb.*

parfaits ! Tu reçois la source [de vie] et tu prends la forme du grand disque solaire qui s'unit à toi pour donner une forme stable à tes membres[1]; tu t'unis avec Osiris dans (l. 8) la grande salle d'assemblée. Elle vient à toi l'onction[2] pour créer tes membres, pour agrandir ton cœur, tandis que tu te manifestes en dieu Râ; elle t'assainit quand tu te couches au grand ciel inférieur; elle répand ton parfum dans les nomes de la région Agert. Il vient à toi (l. 9) le gardien du tombeau (?) dans Mendès, il te [dit][3] : « Viens, « mâne vénérable, à la grande vallée funéraire. » Il entend ta voix dans la demeure où l'on entend, il t'agrandit dans la demeure d'agrandissement[4]. Tu reçois (bis) Osiris (l. 10) N, tu reçois l'huile de cèdre dans l'Ament. Il vient à toi le cèdre émané d'Osiris. Il te délivre de tes ennemis, il (l. 11) te protége dans les nomes. Ton âme [se pose][5] sur le sycomore excellent : tu cries vers Isis, Osiris entend ta voix et Anubis vient à toi pour t'appeler. Tu reçois l'huile du pays de Manu, venue de l'Orient (l. 12), et Râ se lève sur [toi aux] portails de l'horizon[6], aux portes excellentes de Neith. Tu entres en lui[7], ton âme est au ciel supérieur[8], ton corps au ciel inférieur; les habitants de la terre font fête à tes membres. Tu reçois le baume pur, l'huile (l. 13) qui rend témoignage [à tes membres] dans la ville de l'huile[9]. Tu vas, justifié selon le cœur des dieux; tu marches sur la route qui te plaît, vers toute terre qui plaît à ton cœur. Elle entre en toi la sueur des dieux, (l. 14) les vertus de Râ pénètrent [dans] tes membres. Tu entres[10], tu vas sur les champs, sur le sol des nomes; tu fais ce qui te

Notez les allitérations dont ce passage est rempli et les sens divers du radical.

[7] semble désigner ici le Soleil.

plaît dans [les deux régions. Elle vient à toi la sueur] émanée de Pount[1],
pénétrant dans les membres de tes adversaires, (l. 15) et ton cœur se réjouit [du] sang de tes ennemis[2]. Ô Osiris N, puisse l'œil d'Horus accorder
que sa liqueur vienne à toi et à tes viscères, éternellement[3]. »

(L. 16) Ensuite, faire toute (la cérémonie) une seconde fois. Mettre
dans un vase de cristal (?) où se trouve la liqueur des enfants d'Horus pour
que la liqueur de ce dieu pénètre dans les membres divins, jusqu'à ce que
les parties internes du corps aient été rendues parfaites par la sueur émanée
des membres divins (l. 17).....[4] en eux à la face de ce dieu qui les regarde, tandis que tu récites ce chapitre[5] sur cela une seconde fois; [ensuite]
replace-les dans le coffret funéraire pour les préparer de nouveau[6].

Après quoi (l. 18) [remettre les parties intérieures] sur le ventre du défunt; (puis) tu places son échine dans l'huile sacrée dont il a été question
ci-dessus, en ayant soin de placer l'échine dans la même position qu'elle
avait tandis que le défunt était sur terre, jusqu'à ce qu'on ait accompli
pour lui toutes les cérémonies préservatrices de la grande demeure avec
(l. 19)..... [les placer enveloppées?] sur le lit funéraire, dans une
position verticale[7]. Tu lui tournes la face vers le ciel, tandis que son échine
repose dans l'huile et dans la bandelette de Sebek de S'edi.

Dire ensuite :

«Te voilà oint (l. 20) Ô Osiris N, tu as reçu cette huile, tu as reçu cette
liqueur, tu as reçu ce fluide de vie (l. 21). [Tu as reçu] cette....., tu
as reçu le..... des dieux[8], le liquide émané de Râ, le fluide mystérieux
émané de S'û, la sueur émanée de Seb, les membres divins issus d'Osi-

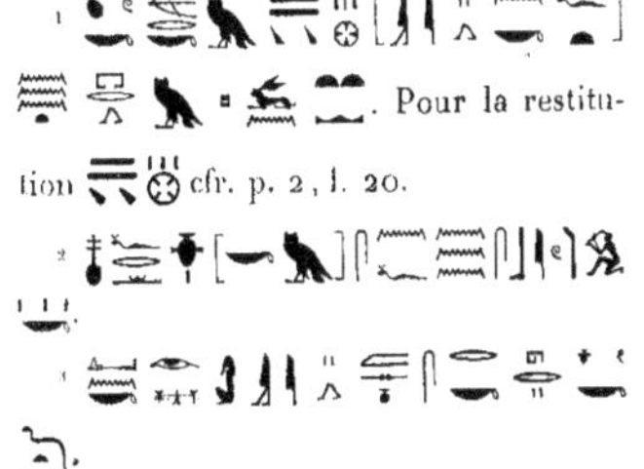

1 .... Pour la restitution .... cfr. p. 2, l. 20.

2 ....

3 ....

4 Lacune de quatre ou cinq mots.

Le mot ☐ est écrit en cet endroit

comme partout ailleurs dans notre papyrus, ☐.

5 Le pronom ☐, *eux*, marque ici les
☐, *intestins*, dont il a été question à la ligne précédente

7 ....

8 ☐. Le scribe a passé dans le
second membre de phrase un mot entre
le verbe ☐ et la préposition ☐.

ris, les perfections de l'eau (l. 22) [émanée de . . . . . Elle vient] à toi[1] (*bis*), Osiris N, elle vient à toi, l'huile pour huiler tes membres; elle vient à toi (*bis*) Osiris (l. 23) N, elle vient à toi, la bandelette de Sebek de Sᶜedi, elle revêt tes membres comme fait le Nû. Tu reçois ton vêtement de bandelettes sacrées

PAGE III.

(Ligne 1) tandis que Râ te pare de sa sueur. Elle vient à toi (*bis*), Osiris N, elle vient à toi, la résine venue de Phénicie, la poix venue (l. 2) de Byblos; elles rendent parfait ton ensevelissement dans le Nuter-χert, elles te donnent tes deux jambes dans les lieux mystérieux, elles accélèrent ta marche dans la salle où l'on marche, elles sanctifient tes pas dans la salle de Seb. (L. 3) Ô Osiris N, elles viennent à toi (*bis*), elles viennent à toi, les plantes vertes sorties de la terre, les guirlandes des prés d'Aalu (l. 4), les herbages excellents des champs de H'âà[2]; le liquide exquis, dont les dieux se revêtent en leurs manifestations, entre en toi dans la bandelette sacrée, t'assainit dans le bandage, t'agrandit dans le lé funéraire (l. 5), affermit tes os dans le cilice de santé[3]. Elle vient à toi (*bis*), Osiris N, elle vient à toi la graisse[4] émanée de tes adversaires, la cire (l. 6) émanée de l'œil de Râ. Elle vient à toi, la liqueur mystérieuse des dieux, la sueur des déesses. Elle vient à toi, la résine de Coptos[5], la liqueur de Xent-Ament. Elle vient à toi (*bis*), Osiris N, (l. 7) elle vient à toi, la poix émanée du sapin (?)[6], la résine de Dapur.

Ils viennent à toi (*bis*), Osiris N, (l. 8) ils viennent à toi, l'or et l'argent,

[1] [hieroglyphes] , etc.

[2] [hieroglyphes].

[3] Le texte se sert de quatre mots différents pour désigner le lacis de bandelettes qui recouvre la momie : 1° [hieroglyphes], la bandelette proprement dite; 2° [hieroglyphes], CEBEN, M. ИI, *fasciæ funebres*; 3° [hieroglyphes], qui semble parfois désigner une pièce d'étoffe de dimension fixe; 4° [hieroglyphes]

[4] [hieroglyphes].

[5] [hieroglyphes]. Le signe hiératique de [hieroglyphe] est à moitié détruit.

[6] [hieroglyphes]. Je rapprocherai le groupe [hieroglyphes] du mot [hieroglyphes], cité par M. Chabas (*Voyage*, p. 116-119).

le lapis et la turquoise; le cristal (?) vient pour éclairer ta face, la cornaline pour affermir ta marche[1]. (l. 9) Elles viennent à toi, les pierres précieuses; elles sont déposées pour toi dans le sein de la montagne: elles
font des amulettes préservateurs aux portails des guirlandes (?), aux portes
excellentes de la pierre vive[2].

« Il vient à toi (*bis*), Osiris N, (l. 10) il vient, l'olivier sorti de l'œil d'Horus, le miel émané de l'œil de Râ; elle vient l'essence de ton adversaire
pour réjouir ton cœur de la graisse de tes ennemis, (l. 11) des membres de
qui te fait violence; [ces ingrédients] te fournissent d'aliments dans le sein
de la montagne, tandis que tu es dans tes membres d'éternité.

« Il vient à toi (*bis*), Osiris N, (l. 12) il vient à toi, le vêtement sorti de
l'œil d'Horus, liqueur excellente de Sebek; elle vient à toi, la bandelette
excellente de la Demeure de Sebek. Ils[3] guident ta route à travers le Nû;
elle[4] reverdit, elle (l. 13) perfectionne tes membres, tandis que tu es
comme Râ, te levant et te couchant sans t'arrêter à jamais. »

Après quoi, lorsqu'on a placé l'échine du défunt dans l'huile et sur la
bandelette dans la position qu'elle avait quand il était sur terre, garde
(l. 14) qu'il retourne dans son cercueil tant que sa face et son occiput[5] sont
pleins de drogues; mais, quand les dieux qui résident dans le cercueil seront
retournés à leur place, tourne sa face vers le ciel, comme elle s'y trouvait
auparavant.

(L. 15) Après quoi, dore lui les ongles, dès que les mains et les pieds, à partir de la naissance des quatre doigts jusqu'au bout de l'ongle, seront enve-
loppés d'une tresse de lin, de celles qu'on fabrique à (l. 16) Saïs.

---

[1] ⟨hiéroglyphes⟩. Le mot ⟨hiéroglyphes⟩, déterminé par ⟨signe⟩, a d'ordinaire
le sens *embrasser*; on devrait donc tra-
duire par *embrasser la marche*, ce qui ne
signifierait rien. Mais il a aussi la valeur
soutenir, *étayer*, et, déterminé par ⟨signe⟩
veut dire *les piliers du monde*. Je pense
qu'ici ⟨signe⟩ est fautif et qu'il faut traduire
comme j'ai fait, *soutenir*, *appuyer*, *affermir*.

[2] ⟨hiéroglyphes⟩. Ailleurs ce dernier mot est écrit ⟨hiéroglyphes⟩ et pourrait être une variante du nom
An-rud-ew.

[3] *Ils*, le vêtement et la bandelette.

[4] *Elle*, la bandelette.

[5] Je rapproche ⟨signe⟩ du copte ϭⲩⲧⲟ,
decumbere, *procumbere*. ⟨signe⟩ serait donc une
partie du corps sur laquelle on se couche,
et, comme il est mis en opposition avec
⟨signe⟩, *la face*, désignerait plus spéciale-
ment *l'occiput*. (Cf. ϭⲩⲟⲧ, *T*. II, *cervical*,
pulvinar.)

Dire ensuite :

« Ô Osiris N, tu reçois ton ongle d'or, tes doigts d'or, ton pouce (l. 17) d'électrum [1] ; le liquide de Râ pénètre en toi ainsi que les vrais membres divins d'Osiris, et tu vas sur tes jambes vers la demeure d'immortalité, tu as porté tes deux mains vers le lieu d'éternité ; tu es perfectionné en or, tu t'épanouis (l. 18) en électrum ; tes doigts rayonnent dans la demeure d'Osiris [2], dans le sanctuaire d'Horus lui-même.

« Ô Osiris N, il vient à toi (l. 19) l'or sorti des montagnes, amulette excellent des dieux dans leurs demeures, et il éclaire ta face dans le ciel inférieur. Tu respires en or, tu te manifestes en électrum ; les habitants du Rostâ (l. 20) dans *Niwû-ûr* t'accueillent, les habitants de la chapelle funéraire se réjouissent parce que tu t'es transformé toi-même en épervier d'or, grâce à tes amulettes de la Ville de l'or, aux portes sacrées d'Anχ-tàuï, auprès d'Osiris dans (l. 21) la châsse de passage [3].

« Tu parcours sur tes deux pieds le sol de Thébaïde, tu marches sur la terre de Thèbes ; tu vois Ammon dans toutes ses fêtes, et ton âme s'unit aux Sesunnû [4]. (L. 22) Tu vois Ammon-Râ, roi des dieux, dans sa bonne fête du second mois de Sʿà, le 19. Ammon, dans Apt, t'a fait une libation d'eau sur la table de libation, tandis qu'il est dans la vallée funéraire, (l. 23) faisant une libation d'eau à son père et à sa mère tous les dix jours. Ton âme se fraye un chemin (?) avec le livre royal et le livre excellent de l'officiant en chef Amen-hʿotep [5].

[1] ⸻. Le mot ⸻, auquel Brugsch a reconnu le sens de *griffe, serre* (*Dict.* p. 201), signifie aussi *pouce*, comme le copte ⲈⲒⲚⲈ, *T.* Ⲧ, ⲎⲎⲎ, *M.*, dont il est la forme antique.

[2] ⸻.

[3] ⸻ est écrit plus loin ⸻. Le ⸻ est nommé par Séti Iᵉʳ dans un passage où ce roi fait des offrandes aux dieux dans leurs demeures (Mariette, *Abydos*, t. I, pl. 44, l. 3) : Horus y résidait. Si ⸻ se

rattache à la racine ⸻, comme semble l'indiquer le déterminatif ×, la locution complète pourrait se traduire *châsse de passage*. Ce serait alors un euphémisme pour désigner le tombeau, analogue à l'expression ⸻, *demeure de passage*, qu'on trouve au pap. Abbott

⸻.

⸻

Le mot ⸻ est embarrassant ; il signifie *pénétrer par force, se ruer sur*. La traduction que je donne de ce passage est des plus douteuses.

PAGE IV.

(Ligne 1) « Ton âme s'unit à Imh'otep, tandis que tu es dans la vallée funéraire, et ton cœur se réjouit parce que tu ne vas pas dans la demeure de Sebek, et que tu es comme un fils dans la maison de son père, faisant ce qui te plaît en Thébaïde. (L. 2) On te donne les bandelettes des dieux et des déesses qui résident dans Thèbes, tu reçois le vêtement excellent de la main d'Ammon-Râ, qui réside dans sa chapelle avec ce qui est dedans[1] et ton nom est stable dans la demeure divine (l. 3) d'Ammon-Râ, roi des dieux éternellement, car ton fils que tu aimes est en ta place, Osiris N; (l. 4) tu vois ton âme sur ton corps éternellement, et tu renouvelles ta jeunesse comme le dieu Lune.

« Tu marches sur tes deux jambes dans H'ebït; tu implores Sep sur (l. 5) son support [d'honneur][2]. Tu entres : te trouvant dans l'enceinte de la chapelle[3], tu as forcé les portes d'électrum, tu as vu les âmes d'or ; voyageant en or, tu as pénétré au (l. 6) milieu d'elles, car tu es un [être] au bras duquel on ne peut résister.

« On t'a fait une tresse de Saïs pour amulette préservateur; Neith veille sur toi dans Tesût; tandis que tu entres et que tu sors de la région du sud et de celle du nord, les habitants de..... [4] font bonne garde sur toi (l. 7) Acclamation à toi! Acclamation à ton nom, Osiris N. »

Après quoi, lorsque Anubis, supérieur du mystère, s'est placé sous la tête de ce dieu, (l. 8) que nul prêtre officiant n'approche pour faire pénétrer dans le défunt le seigneur du mystère et toutes ses vertus magiques, excepté le..... C'est lui qui fait entrer ces vertus dans la tête du défunt, par la main [d'Anubis], le supérieur du mystère[5].

[1]. Sur le sens du mot ⸺, voir plus haut, p. 22, note 1. J'ai déjà donné ailleurs (*Études démotiques*, p. 22, note 9) des exemples du mot ⸺. En voici un nouveau : ⸺

[2]. ⸺

[3]. ⸺

(*Papyrus 4 de Boulaq*, p. 16, l. 13) *Devenu homme, il multiplie ses prières pour ses enfants.*

[4]. Un nom de ville que je ne puis déchiffrer.

[5]. Je m'efforcerai de donner plus loin l'explication de cette clause mystérieuse

Oindre ensuite la tête du défunt (l. 9) et toute sa bouche d'huile, tant la tête que la face (?)[1] ; envelopper de bandelettes d'Harmaχis dans H'ebït. La bandelette de la déesse Neχeb de Neχeb sera mise sur le front; (l. 10) la bandelette d'Hathor dame de On sur la face; la bandelette de Thot Aprch'eh'uï sur les deux oreilles; la bandelette de Nebt-h'otept sur la nuque. Tous les ligaments, (l. 11) toutes les enveloppes de la tête seront de bandelettes dont on aura examiné les particularités et les dessins en présence du Supérieur des mystères, parce qu'il est bon de voir les dessins que tu y auras tracés[2]. Tu verras :

La bandelette de Seχet la grande (l. 12) aimée de Ptah', composée de deux pièces, — pour la tête du défunt;

pour les deux oreilles, — deux bandes[3] nommées « les Achevées; »

pour les deux narines, — deux pièces nommées : « Nehaï » (l. 13) l'une, et « Smen » (la stable) l'autre;

pour les deux joues (?)[4] — deux pièces nommées : « Qu'il vive! qu'il vive![5] »

pour le front, — quatre pièces, nommées : « les Brillantes; »

pour le sommet de la tête, — deux pièces nommées : (l. 14) « Les deux « Uzà sont en leur plein[6]; »

vingt-deux pièces à droite et à gauche de la face passant sur les deux oreilles du défunt[7];

[pour] la bouche, — quatre pièces : deux dedans, deux dehors;

---

[1] [hiéroglyphes]

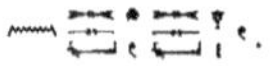

[2] [hiéroglyphes]

[3] [hiéroglyphes]. C'est la forme hiéroglyphique du mot [hiéroglyphes] (Brugsch, *Dict.* p. 732). qui signifie *un rouleau, une bande de papyrus*. Ici c'est une bande d'étoffe.

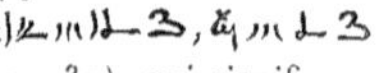

[4] [hiéroglyphes]. Comme toutes les parties de la figure, à l'exception des joues, sont désignées par des mots déjà connus ou facilement reconnaissables en copte, je présume que [hiéroglyphes] signifie le *creux des joues* et les *joues* elles-mêmes.

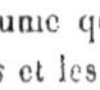

[5] [hiéroglyphes]

[6] [hiéroglyphes]

[7] [hiéroglyphes]. A cette époque, *l'oie troussée*, [hiéroglyphe], avait remplacé *le fil métallique*, [hiéroglyphes], comme déterminatif des idées de *pli* et d'*enroulement*.

[pour] le menton[1], — deux bandes nommées : (l. 15) « . . . . i[2], »
[pour] la nuque[3], — quatre grandes pièces.

Ensuite, consolider [le tout] par une bande de deux doigts de large, puis oindre une seconde fois; ensuite (l. 16) boucher les orifices de la tête avec l'huile épaisse (?) mentionnée ci-dessus[4].

Dire ensuite :

« Ô déesse très-vénérable, dame d'Occident, régente d'Orient, viens, entre dans (l. 17) les deux oreilles de l'Osiris N. O puissante (*bis*)! ô toujours rajeunie (*bis*)! ô grande (*bis*)! ô dame d'Occident, régente d'Orient[5], (l. 18) que la respiration se produise dans la tête de l'Osiris N, dans le ciel inférieur ! Accorde qu'il voie de son œil, qu'il entende de ses deux oreilles (l. 19), qu'il respire de son nez, qu'il émette un son de sa bouche, articule de sa langue[6] dans le ciel inférieur ! Accueille sa voix dans la salle de Vérité et de Justice, sa justification dans la Salle de Seb, par-devant (l. 20) le dieu grand, Seigneur d'Occident.

« Ô Osiris N, elle vient à toi l'huile épaisse qui garnit ta bouche de vie, et ton œil (l. 21) voit dans le ciel inférieur, comme voit Râ au ciel supérieur. Elle te donne tes deux oreilles pour entendre ce qui te plaît, comme Sʿû entend ce qui lui plaît dans Hʿebït (?). Elle te donne ton nez pour respirer comme Seb respire (l. 22) un parfum exquis au nez[7]. Elle te donne ta

---

[1] ⟨hiéroglyphes⟩, **ϣοⲡⲧ**, *T. M.*ⲧ, *barba, mentum*. Ce mot, déjà relevé par Champollion (*Notice sur le papyrus hiératique et les peintures du cercueil de Pétaménoph*, dans Cailliaud, *Voyage à Méroé*, t. IV, p. 39), ne se trouve pas dans le dictionnaire de Brugsch.

[2] ⟨hiéroglyphes⟩.

[3] ⟨hiéroglyphes⟩ me paraît être une variante de ⟨hiéroglyphes⟩.

[4] ⟨hiéroglyphes⟩. Je pense qu'il faut comparer ⟨hiéroglyphes⟩, dans cet usage, au copte **ⲟⲋⲧ**, *M. stillare*, **ⲉϥⲟⲋⲧ**, *stillat, guttatim fluit*. Ce serait alors une huile *épaisse, pâteuse*, coulant goutte à goutte, telle que devait être l'huile qui servait aux cérémonies de l'embaumement.

[5] Le titre *dame d'Orient* a été répété par erreur dans le manuscrit.

[6] ⟨hiéroglyphes⟩.

[7] ⟨hiéroglyphes⟩. Comme le texte est assez incorrect en cet endroit, je me suis permis de substituer au pronom masculin ⟨hiér.⟩ inexplicable, le pronom féminin ⟨hiér.⟩, qui se trouve dans tous les autres membres de phrase.

bouche bien garnie par son passage [1] comme est la bouche de Thot lorsqu'il pèse la Vérité. Elle te donne Mâ dans H'ebït. Ô (l. 23) adorateur dans H'â-benben, les cris de ta bouche [ont retenti] dans Siyout; il vient à toi Osiris de Siyout, ta bouche est la bouche d'Ap-h'eru dans la montagne d'Occident.

PAGE V.

(Ligne 1) «et Osiris crie à son fils Horus. Elle te donne ton œil dans Mendès et dans Abydos, ainsi que la tête (?) de Xent-Ament [2], et Osiris vient à toi dans Mendès, il écoute tes paroles dans Abydos, (l. 2) il te donne une place excellente de purification, un lieu excellent d'ablutions dans Mendès, une sépulture excellente dans Abydos; [elle t'accorde] qu'on visite ta syringe, qu'on pare ta stèle funéraire dans le Rostà de Niwû-Ur; (l. 3) tu sors avec les Mânes sacrés à la fête d'Ugà, ton nom est appelé dans «Celle «qui cache son seigneur [3];» tu manges, tu bois, dans le Duàû de la nécropole; tu reçois des libations (l. 4) de la main d'Ammon-Apt tous les dix jours; tu as reçu des fleurs anχ-amû dans le territoire de Pegà [4], des gâteaux et des feuilles vertes dans la Ville des provisions [5]; tu pénètres sur tes [deux jambes] (l. 5) vers le *Tombeau* [6], et tu vois Osiris en le lieu grand; tu reçois la bandelette sacrée de Pâ-Râ et la pièce d'étoffe fabriquée dans les temples.

«Elle vient à toi, la déesse Uàzït, sous forme d'uræus (l. 6) vivante pour oindre ta tête de leurs flammes. Elle apparaît sur ta tête à gauche, elle se

[1] Λ ⌐. C'est une allusion au passage de l'huile d'embaumement dans le gosier du défunt.

[2] Sens douteux.

[3] Un des noms du tombeau ou du cimetière. Cf. au *Papyrus de Boulaq n° 4*, p. 2, l. 14, la phrase : au matin *de cacher ton corps*, pour désigner le jour de l'enterrement. L'appel nominal des morts était fait par Thot avant le jugement.

[4] Cette région, mentionnée souvent sur les stèles funéraires, paraît désigner la partie intermédiaire entre ce monde-ci et l'autre monde. Au sortir du *Pays de Pegà*, on rencontre immédiatement les portes de l'enfer et la salle du jugement.

[5]

[6] le tombeau d'Osiris dans Abydos.

lève sur ton front à droite, sans bruit; elles se lèvent sur ta tête en toute heure comme elles font (l. 7) à son père Râ, [et] l'effroi que tu inspires s'agrandit grâce à elles parmi les mânes vénérables, l'épouvante que tu répands se produit parmi les âmes sages, [parce que] ta tête reçoit leur apparition et que ton front devient le lieu (l. 8) où elles s'établissent sur la tête, comme le Soleil, sans s'écarter de toi à jamais[1].

« Elle vient à toi (*bis*), Osiris N, elle vient à toi Hathor à (l. 9) la belle face, dame de On, habitant dans . . . . Sat[2]. Elle rend ta face parfaite parmi les dieux, elle agrandit tes deux cuisses parmi les déesses, elle ouvre ton œil pour que tu voies chaque jour, elle agrandit ta place dans l'Ament, elle te donne (l. 10) ta voix contre tes adversaires, elle déploie tes jambes dans la vallée funéraire, et c'est en son rôle d'Hathor, régente d'Occident.

« Il vient à toi, Thot Ap-reh'ch'uï le pacificateur des dieux. Il fait que tu entendes le « Livre (l. 11) des respirations, » les formules de la Maison des écrits excellents dans l'Ament. Tu entends les paroles du dieu grand, et tu as une place établie dans la Ville du Chef[3], et Ap-reh'ch'uï te fait respirer par ses sortiléges.

(L. 12) « Elle vient à toi Nebt-h'otept dans l'Ament. Elle prend tes deux bras, affermit tes deux jambes; elle fait qu'on te craigne en voyant ta nuque. Elle veille sur toi dans H'ebït, t'agrandit dans Pa Nebt-h'otept (l. 13), fait voir ton nom dans le Duaû comme celui d'Osiris dans la Ville du chef. Il vient à toi, Ammon-Râ, roi des dieux, en Thébaïde, Ptah' dans la châsse de passage, et l'on t'accorde (l. 14) que tu entendes bien aux portes du ciel inférieur; que tu respires à l'orient et à l'occident; que tu reçoives des libations dans l'Ament[4] à côté de ton père dans le Pays de Sebek; que tu manges, que tu boives dans (l. 15) le Mur blanc, à côté d'Osiris-Sokaris dans la châsse de passage; que tu respires les souffles de vie dans la Vallée funéraire, le vent délicieux du nord dans le couloir funéraire, auprès des portes du ciel inférieur; (l. 16) qu'au sortir de ces portes tes pas ne soient pas repoussés; que, sorti des neuf portes, tu ne sois pas repoussé de [ces] neuf portes, soit que tu te trouves dans la Vallée funéraire de Justification, soit

---

[1] J'essayerai d'expliquer plus loin le motif des brusques changements de pronoms qu'on rencontre dans ce paragraphe.

que tu te trouves dans le ciel inférieur où l'on peut entrer et d'où l'on peut
sortir à volonté [1].

(L. 17) « Il vient à toi, Thot Ap-reh'ch'uï, le pacificateur des dieux
dans Unnût, le dieu grand dans H'at-Abtï; il te donne une bandelette de
Hât-Sart, une excellente étoffe de lin de H'at-H'esmen. (L. 18) Il récite pour
toi le livre, il détaille pour toi les feuillets sacrés. Il t'accorde de sortir pendant le jour, de respirer pendant la nuit, de te manifester sur terre en toute
heure. Il veille sur toi dans la *Double maison de vie*, il te donne (l. 19) des
ornements dans la *Maison des respirations*, et tu te lèves dans la Ville excellente, toi-même, sous la forme excellente d'un génie excellent dans Punt.

« Il vient à toi (*bis*), Osiris N, (l. 20) il vient à toi Hor-si-ési, l'auditeur
de son père Osiris. Il a ouvert ta bouche au moyen de la formule qui se
trouve dans tous les écrits sur argile (?), au moyen desquels il a ouvert (l. 21) la
bouche de son père Osiris; il te sanctifie par les sanctifications de la flamme,
il te purifie dans l'eau de jouvence. Il t'a apporté la bandelette de la Maison
royale, la pièce d'étoffe fabriquée à H'nès; il t'a paré (l. 22) de lin dans la
Vallée funéraire resplendissante comme le cristal (?); il t'a donné l'étoffe
mystérieuse dans. . . .[2], l'étoffe fabriquée dans Pa Hor-mer-uï. Il remplit pour
toi le rôle d'auditeur dans le Mur blanc, (l. 23) il renouvelle ton âme dans
Abydos, il adore ta personne dans H'ebennû, il renverse tes adversaires
dans Tes-Hor; il te fabrique des amulettes en bois de sycomore dans
Mâχent, il te fait entrer dans

PAGE VI.

(Ligne 1) « la Ville du chef, il implore ton âme dans Nilopolis[3], il rajeunit ton corps dans Panopolis[4]; il te donne du foin nouveau[5] dans Pa et
Tep, des couronnes de justification dans Abydos.

« Elle vient à toi (*bis*), Osiris (l. 2) N, elle vient à toi Seχet la grande

[1] . . . . Le chiffre ||||| est écrit sous deux formes différentes, la
première fois [glyphe], la seconde fois [glyphe].

[2] Un nom de ville que je ne puis déchiffrer.

[3] [glyphes].

[4] [glyphes].

[5] [glyphes], ϭⲱⲟⲩϭⲉⲛ, M. III, *fæ-
num*.

amie de Ptaḥ⁺, elle t'apporte un vêtement dans la chapelle funéraire, une
bandelette sacrée de la dame Uræus. Elle te donne sa toile, (l. 3) elle habille
ta tête, elle enveloppe ton front d'une étoffe mystérieuse; elle pare ta face
d'une grande bandelette, et sa force passe (?) en toi[1]; elle lance la
flamme du feu contre tes ennemis, et cette flamme consume le corps (l. 4)
de tes adversaires; elle t'accorde d'aller au Mur blanc, qu'on célèbre des
cérémonies pour toi dans la *Maison de Ptaḥ⁺*; elle brûle les cœurs des impies
et défend le chemin contre tes adversaires.

« Ils viennent à toi, Osiris N, (l. 5) ils viennent à toi les dieux des champs
de H⁺ââ pour mettre leur sueur sur ta bouche.

« Elle vient à toi Uàzït dans Ammt[2], l'œil de Râ dans la campagne, elle
t'apporte (l. 6) des fleurs anχ-amû issues de Râ, la plante sennû-pet sortie
du dieu grand, afin qu'elles entrent en toi et assainissent tes membres. Les
plantes vivaces des dieux sont dans ta tête; toutes les forces de vie (l. 7)
entrent en toi : tu manges de ta bouche, tu vois de ton œil, tu entends
de tes deux oreilles; ta face vit par les plantes anχ-amû et sennû-pet, par la
sueur des dieux.

« Il vient à toi (*bis*), Osiris N, (l. 8) il vient à toi l'Osiris du nome Coptite, le dieu grand dans Coptos, dans la Salle d'or; il t'apporte la liqueur
qui sort de lui (l. 9), la résine émanée de ses membres; il t'apporte la pierre
divine de Test, comme il fait à Khem lui-même, et ton teint s'avive (?) dans
le Duàû et ta face pénètre (?) dans les voies de ténèbres; tu te manifestes
(l. 10) sur les aires (?)[3] en vie, sur le Rosta en force, et les dieux de Coptos préservent tes membres, Khem de Coptos écrase tes adversaires.

« Elle vient à toi (*bis*), (l. 11) Osiris N, elle vient à toi Neχeb dans la
terre du Midi, qui est Hathor. Elle t'apporte le natron venu de la (l. 12)
Vallée funèbre; elle purifie tes membres avec ce qui sort d'elle-même, elles[4]
rajeunissent les orifices de ta tête au moyen de ses amulettes de terre
émaillée. Tu es pur par elle, elle fait paraître ta face comme une uræus
vivante, elle consume (l. 13) tes adversaires de sa flamme, et ta face se
change en une face excellente par ses deux yeux et resplendissante de lumière. S'il vient à toi, l'œil de Râ, le seigneur des faces, c'est sous la figure

[1]  [3] (hieroglyphes).

[2] (hieroglyphes), un des noms de Bouto.

[4] *Elles*, c'est-à-dire Hathor-Neχeb, deux
divinités en une seule personne.

excellente de Neχeb, c'est sous sa forme (l. 14) sacrée; elle fait que ta face
plaise comme une face excellente. Elle t'apporte la bandelette sacrée dans
Dendérah, le berceau excellent[1] dans le nome d'Anubis, et son âme renouvelle ton âme, et Isis t'agrandit (l. 15) au lieu de sa naissance, la grande
déesse [t'agrandit] à son berceau, l'œil de Râ t'embrasse en paix. Thot fait
pour toi des couleurs excellentes afin d'agrandir ton nom par écrit. Il vient
à toi, le seigneur des seigneurs, le chef des craintes (l. 16) pour t'apporter
la résine venue de Pount, les grains de myrrhe venus en profusion du Ta-
nuter[2].

« Ils viennent à toi (*bis*), Osiris N, (l. 17) ils viennent à toi les habitants
du Rostà dans la panégyrie d'exaltation, les habitants d'Abydos dans la fête
de Sokar, les habitants d'Unnù dans la panégyrie de Thot, les habitants de
Pe dans la fête de la violence. (L. 18) Ils viennent à toi les dieux du sud,
du nord, de l'ouest, de l'est, pour te faire craindre dans l'Ament, pour te
faire redouter à la porte de la région de la vie; et l'on te donne de l'eau
selon ton bon plaisir à ce (l. 19) puits[3] qui est dans le grand Xennù, sans
que tes pas soient écartés des portes de la *Pierre vive*[4], sans que tu sois
écarté de la déesse Am-lelùk (?) dans son . . . . .[5]; (l. 20) tu bois l'eau de
la source et ta face est excellente dans le Haut Pays[6] à la place heureuse
de ceux qui vivent dans l'Ament.

« Ô Osiris N, (l. 21) il vient à toi, celui qui vient de Xaùï (?)[7] et tu reçois
les provisions funéraires au matin du jour, tu reçois l'huile épaisse, la
semence de vie est emmagasinée (l. 22) dans les orifices de ta tête au lever
du Soleil (?)[8], ton gosier est rempli du liquide de Shû, Râ lui-même a fait

[1] [hiéroglyphes].

[2] [hiéroglyphes].

[3] Le mot [hiéroglyphes] est l'arabe بِئر, *un
puits*.

[4] [hiéroglyphes]. Nous avons déjà
rencontré ce nom (p. 22, note 2), mais
sans le déterminatif ⊙.

[5] [hiéroglyphes].

[6] [hiéroglyphes]
⊙. Sur [hiéroglyphes], voir J. de Rougé,
Textes géographiques, p. 16.

[7] [hiéroglyphes].

[8] [hiéroglyphes]. Le mot [hiéroglyphes] est écrit ici sans
le déterminatif ⊗. L'examen des passages
analogues prouve néanmoins qu'il faut traduire *épais* et non *gosier*. Le mot [hiéroglyphes]

un trou à ta narine[1] pour que tu respires; ta gorge est garnie (l. 23) d'huile, munie de toutes ses richesses; tes lèvres sont......[2] aux portes de la chapelle sans que ton bras soit repoussé jamais. La turquoise et le lapis sont pour ta face,

PAGE VII.

(Ligne 1) «toutes les pierres précieuses sont pour les orifices de ta tête, et, terrible de face à tes adversaires, tu vois dans la région Beχat éternellement. »

Ensuite oindre la tête de parfum; puis, après avoir oint la tête du défunt une seconde fois (l. 2) avec de l'huile, tant le crâne que la face, faire sous la tête du défunt un semis de grains (?) de myrrhe et de résine de pin (?)[3].

Dire ensuite sous la tête :

«Ô Osiris N, (l. 3) tu as reçu ta tête dans l'Ament et tu pénètres parmi les mânes saints et sages; on achève ta stèle funéraire qui assure tes destinées d' (l. 4) Outre-tombe, et ton nom est sain parmi les embaumés[4], parce que tu as nom de Mâne saint. Les habitants de Duàû se prosternent devant ton corps, les habitants du ciel d'en haut font bon accueil à ton âme, les habitants de la terre (l. 5) t'adorent[5]; les habitants de la Vallée funéraire rajeunissent ton corps. Anubis et Horus perfectionnent ton maillot funèbre. Thot assainit tes membres par les enchantements de sa bouche.

«Ô Osiris N, (l. 6) tu justifies ta parole par-devant les grands Chefs qui résident dans H'ebït, par-devant les grands dieux de la *Maison de Râ*, par-devant les grands chefs qui résident dans la *Maison de Ptah*, et elle vient à toi, ta tête, pour ne plus (l. 7) te quitter à jamais; elle entre vers toi pour ne plus s'éloigner à jamais. »

me paraît être nouveau. Ce passage pourrait être illustré facilement par diverses peintures, où l'idée de renaissance est exprimée de la manière la plus énergique et la plus brutale.

[1] Ici ⸻ ⸱, déterminé par ⸱, semble désigner le trou des narines.

[2] ⸤⸥ (*sic*) ⸻⸻⸻. Le scribe a passé, entre ⸻ et ⸻, une ou deux des lettres qui composaient le verbe.

Ensuite embaumer ce dieu. Embaumer la main gauche et le poing avec l'huile mentionnée ci-dessus, additionnée de

fleur [anχ]-amû. 1

résine (l. 8) de Coptos. 1

natron. . . . . 1 [1]

envelopper les deux oreilles du défunt d'une pièce d'étoffe, d'une tresse de fin lin et d'une bande; les doigts et les ongles de sa main étant étendus dans une étoffe aux vertus préservatrices excellentes (l. 9) afin que l'on puisse faire glisser aisément l'anneau des fornications dont il s'est purifié[2], y mettre un anneau d'or, puis, quand le doigt du défunt a reçu l'or, reprendre l'anneau. Ensuite remplir la main du défunt d'étoffe, (l. 10) huiler jusqu'aux doigts et ajouter en plus, des fleurs anχ-amû, du natron, de la résine et du foin nouveau, le tout faisant trente-six [objets] pour la main gauche du défunt, parce qu'il y a trente-six dieux (l. 11) en compagnie desquels l'âme se manifeste au ciel supérieur et trente-six nomes dans lesquels Osiris prend ses formes locales[3]. Lier une gousse (?) de plantes menes (?) et des palmes[4],

[hiéroglyphes] (sic)

[hiéroglyphes]

[1] [hiéroglyphes] . Litt. : « ses doigts et ses ongles de sa main étendue, allongée ([hiéroglyphes]) dans les vertus préservatrices excellentes d'une bandelette, pour allonger, faire aller tout du long ([hiéroglyphes]) l'anneau des fornications dont il s'est purifié, etc. » Je ne réponds pas du sens de cette phrase. Elle semble prouver qu'après avoir allongé les doigts du cadavre on y plaçait un anneau d'or qui était comme le gage de sa pureté : on le

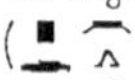

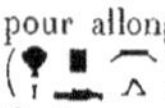

faisait couler le long du doigt jusqu'à la racine, on le retirait et on achevait les cérémonies.

[3] [hiéroglyphes] . Litt. : « Il y a trente-six nomes, sont faites les formes d'Osiris, là, par-devant les nomes. »

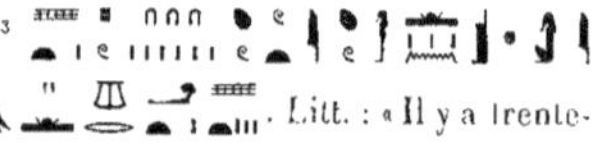

[4] [hiéroglyphes] (sic) 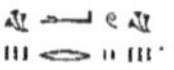 [hiéroglyphes] . Je ne sais ce qu'est la plante [hiéroglyphes] : le [hiéroglyphe] est sans doute une faute cléricale pour [hiéroglyphe]. [hiéroglyphes] se retrouve lettre pour lettre dans ⳉⲗⲩⲟϫⲥ, M. III. *rami palmæ, vel vitis, in quibus sunt dactyli adulti et uvæ;* [hiéroglyphes] est peut-être Ϭⲁⲣⲁⲧⲉ, T. Oⲩ, κεράτιον, *siliqua.* Je dis peut-être, car Ϭⲁⲣⲁⲧⲉ pourrait n'être qu'une déformation du grec κεράτιον.

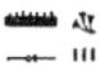

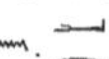

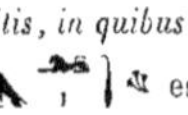

(l. 12) une seule pour la main gauche avec ce foin nouveau, parce que la palme c'est Osiris; fixer tout cela dans la main gauche du défunt, avec de la gomme de palmes [1] (?), ainsi que (l. 13) l'enveloppe extérieure de la main gauche, sur laquelle est tracée une figure d'Hâpi (le Nil), [formant de la sorte] un vêtement de bandelettes consacrées à Hapi le chef des dieux, plus un dessin d'Isis [tracé] en couleurs (l. 14) pures sur une étoffe qui forme six replis. Mettre dans la main gauche une bandelette d'Isis de Coptos, si bien que le défunt ait dans la main Hapi et Isis, et que ces dieux ne s'éloignent (l. 15) jamais de lui. Former l'enveloppe de la main de bandelettes de cette espèce.

Dire ensuite :

Ô Osiris N, (l. 16) elle vient à toi l'huile sacrée, déesse qui est dans Hâ-(l. 17) Xebït, régente de la *Région de vie*, avec l'huile, dame de marche [2] dans le Duâû, qui fleurit la demeure de Pà-Râ (?)[3]. Tu reçois l'huile sainte de tes deux bras à jamais, et tu es rapide (l. 18) dans ta marche, ton âme est établie solidement dans le ciel supérieur, ton corps [est établi solidement] dans le Duâû, tes statues [sont établies solidement] dans les temples.

« Ô Osiris N, (l. 19) il vient à toi Hâpi le grand des dieux pour remplir les offrandes qu'on te fait de libations. Il te donne l'eau sortie d'Abû, le Nil sorti des deux rochers[4], le Nû sorti des deux montagnes, (l. 20) l'inondation sortie de la châsse où il repose, l'eau vive sortie de la source pour que tu boives de ces eaux, que tu te rassasies d'elles, que tu emplisses ta poitrine de l'eau de jouvence, que tu emplisses ton crâne de (l. 21) l'onde, et que ton gosier soit inondé, tandis que tu es dans le Nû, l'aîné, le père des dieux. Il t'apporte la bandelette de Pà-H'âpi, l'enveloppe excellente de Pà-shepsït, et tu as saisi H'âpi, (l. 22) tu as empoigné Isis, tu as poussé des fleurs anχ-amû dans tes deux bras, ta main se perfectionne par les liquides d'Osiris, par la résine de Coptos et du nome Coptite. Tu reçois (l. 23) le natron venu de la Vallée funéraire, la purification sortie de la ville de

---

[1] [hieroglyphs] L'huile était censée rendre au défunt l'usage de ses jambes et la faculté de marcher.

[3] [hieroglyphs] D'après l'analogie des membres de phrase précé-dents, je soupçonne qu'il faut intercaler la préposition [hieroglyph] et traduire « qui fleurit *dans* la demeure de Pà-Râ. »

[4] [hieroglyphs] Les deux rochers près d'Éléphantine entre lesquels le Nil était censé prendre sa source (Hérodote II. xxviii).

Neχeb, et la déesse Neχeb fait pour toi ses sortiléges dans l'Ament, et la Neith qui est dans tes mains te perfectionne.

PAGE VIII.

(Ligne 1) « Il vient à toi Hâpi, il te fait un vêtement, une enveloppe de plantes issues d'Hᶜâpi. Isis roule ton enveloppe, Nephthys lisse ton maillot,... Hᶜotep tisse (l. 2) tes bandelettes [1], Horus illumine ton vêtement. Râ te donne l'or émané d'Osiris, et tes doigts reçoivent la sueur d'Horus, le liquide d'Isis. Thot te donne le sceau d'or fait avec (l. 3) l'or émané du dieu grand, et l'on accueille ta parole par-devant Osiris, ta justification par-devant les deux Mâ, ton âme vit pour l'éternité comme Sahᶜû au sein de Nût, et ton corps est stable à jamais comme (l. 4) la pierre des deux montagnes. Tu apparais en or, tu te lèves en électrum, tes doigts étincellent comme l'or; tes royautés s'étendent (?) sur le Duàû, ton nom est grand dans l'Ament, tu as agi comme il te convient sur toute terre, en qualité de mâne (l. 5) sacré du Nuter-χer.

« Ô Osiris N, tu apparais en qualité de palme, tu te lèves en qualité de myrrhe, tu as cueilli la plante men [2] du (l. 6) dieu plus grand que toi dans Abydos et qui met tes membres en fête par son liquide. On te pousse des acclamations en tant que palme, tu es adoré en tant que myrrhe, il est fait pour toi des cérémonies au tombeau d'Osiris; tes jambes te sont données (l. 7) dans la *Double demeure de vie,* tu as entendu l'écrit de la bibliothèque sacrée, l'hymne chanté dans Pa-Sokar. Elles viennent à toi Isis et Nephthys pour pleurer et pousser des lamentations sur toi dans la *Ville du chef;* (l. 8) Horsiési t'apporte le foin nouveau, amulette suprême des dieux et des déesses, il rajeunit ton âme dans le Nuter-χer et rend ta face heureuse en vie, stabilité et puissance.

« Ô Osiris N, (l. 9) ils viennent à toi Uàzït dans Pe, et Horus dans les joncs [3], pour t'apporter un phylactère de foin, amulette excellent d'Horus

---

[1] [hiéroglyphes]. Cette phrase est fort bien illustrée par les dessins des tombeaux de Beni-Hassan, où sont représentées les opérations du tissage. Le [hiéroglyphes] est le dévidage des fils, le [hiéroglyphes] ou [hiéroglyphes] est le lissage. Ici la fabrication et la préparation des étoffes destinées au défunt sont attribuées aux déesses.

[2] La même plante qui est nommée [hiéroglyphes] plus haut.

[3] [hiéroglyphes]

lui-même; (l. 10) grâce à lui elle accueille ton bras, se met en face de ta main, protége tes doigts; tant que ta main n'est pas écartée de ce phylactère, ta marche vers le ciel supérieur n'est pas entravée[1], tu fais ta transformation en épervier rajeuni, tu glisses sur le ciel d'en haut (l. 11) en forme de scarabée sacré[2]. Tu as mis en ordre toutes les affaires de ta maison, et tu es avec les êtres créés, les êtres intelligents, les êtres doués de la lumière [de la raison][3]. La déesse t'adore, et hommes et dieux adorent ta face; (l. 12) les déesses s'inclinent devant toi, tous les animaux s'éveillent pour te voir, les poissons et les oiseaux accourent en foule pour adorer ton âme, et ton cortége s'agrandit par eux à jamais. Les vertus préservatrices des dieux du midi et du nord (l. 13) pénètrent vers toi dans les trente-six nomes, dans lesquels tu vas en âme sage; tu fais ce que tu veux au ciel supérieur, étant parmi les étoiles, et ton âme [va] vers les trente-six étoiles[4] en lesquelles tu te changes (l. 14) à ton gré. Elle vient à toi la matière émanée d'Osiris, la liqueur émanée des palmes pour réjouir tes membres en ton corps par les sortiléges bienfaisants du Duàû, pour colorer ta peau (l. 15) de couleurs pures qui sont la liqueur de Râ, à jamais. Horus[5] te donne l'or pour tes membres, des couleurs excellentes pour les extrémités de tes membres[6]; il a amélioré ton teint par l'or, (l. 16) il a fortifié tes membres par le vermeil, et tu vis, tu vis à toujours; et tu rajeunis, tu rajeunis à jamais. »

[1] ⌂. Le verbe ⌂, *s'affaisser*, appliqué aux navires ou aux dieux dans leurs barques, prend aussi le sens de *descendre le courant, se laisser aller au fil de l'eau*. Ainsi, au papyrus de Boulaq n° 2, t. I, pl. 2, on trouve au-dessus de la barque du dieu Sevek, flottant sur le Mœris, ⌂, *Ce dieu descend le courant, se laisse aller au fil de l'eau*.

[2] ⌂.

[3] ⌂.

[4] ⌂. Plus haut, le texte a dit les trente-six dieux, ⌂. Peut-être faut-il donner au signe ⋆ la valeur de *nuter, dieu*, qu'il a si souvent dans les textes hiéroglyphiques de l'époque de notre papyrus.

[5] Le texte donne simplement , *il donne à toi*. Le pronom masculin ⌂, introduit brusquement, ne peut désigner ici que le dieu Horus, mentionné au commencement du paragraphe avec la déesse Uâzït.

[6] ⌂.

Ensuite [1] les enfants d'Horus et les enfants de Xent-Aât qui sont à droite
et à gauche du défunt (l. 17) font les cérémonies de l'embaumement avec
l'huile détachée [2] des choses divines pour sa main droite, avec l'huile sainte
pour sa main gauche. Embaumer les doigts de même, mettre des fleurs anχ-
amû, du natron, de la résine (l. 18) des pays étrangers [3] dans sa main droite,
fixer avec l'eau de *Mestennû*. Laver l'enveloppe extérieure des mains sur laquelle Isis et Nephthys sont tracées en couleurs fraiches [délayées] avec
du parfum et de l'eau de rose. (L. 19) Mettre une [autre] enveloppe sur laquelle sont dessinées une image de Râ tracée avec de la couleur grasse et

---

[1] A partir de cet endroit, j'ai mis entre
crochets toutes les parties du texte qui
manquent au papyrus 5158 de Paris, et
ne se trouvent que dans le papyrus n° 3
de Boulaq.

[2] signifie au propre *couper,
retrancher* (Brugsch, *Dict.* p. 997). La locution doit donc se traduire : *l'huile re-
tranchée, détachée des choses divines* ou *des
biens divins*, sans que je puisse deviner
quelle était la nature de l'huile ainsi désignée.

[3] Le mot est douteux.

une figure de Khem en argile délayée dans du miel, dessinée sur cette étoffe pliée en douze. Ensuite tracer les légendes (l. 20) de ces dieux en couleur noire, à savoir : «Tu as empoigné la clarté du Soleil; tu as saisi le dieu Lune.» Mettre [le tout] dans la main gauche du défunt, de manière qu'il ait dans la main la clarté du Soleil, le dieu Lune et sa sœur Isis et Nephthys, et qu'il les tienne (l. 21) en sa main droite comme au temps où il était encore sur la terre. Tracer tout cela sur les bandelettes sacrées d'Hor-Hut, dieu grand, seigneur du ciel, tandis que le linge qui enveloppe la main droite est fait avec les bandelettes (l. 22) d'Hor-mer-uï, seigneur de Sᵉ-dennù, de Khem-Aah, dans Mapu, de Supti-Hor, seigneur d'Orient, qui sont les dieux au bras puissant parmi les dieux.

Dire, après l'onction du maillot funèbre :

«Ó (l. 23) Osiris N[1], elle vient à toi l'huile sacrée pour perfectionner tes membres; tu es saint, elle t'huile.....[2]

PAGE IX.

(Ligne 1) «Elle vient à toi l'huile détachée des choses divines (?); elle pénètre tes membres, et tes os maintiennent tes bandages à leur place, affermissent tes enveloppes aux lieux où elles sont par la vertu de l'huile, excellente pour affermir (l. 2) la renommée de ton embaumement, pour perfectionner tes membres par la vertu de l'huile dont ils sont oints à deux reprises[3](?). Ces deux huiles consolident tes os aux extrémités de tes bras[4]

[1] J'ai substitué partout au nom d'H°eter celui d'Hor.

[2] Une lacune d'environ trois mots.

[3] ⎯. Cette transcription des signes hiératiques est douteuse.

[4] Le texte donne simplement *elles*. Je pense que les substances ainsi désignées ne peuvent être que les deux sortes d'huile dont il a été question au commencement du paragraphe.

rendent tes couleurs parfaites, agrandissent ton nom, et tu fais (l. 3) ce qui te plaît en tous pays, car, étant le dieu Thoth, tu n'as point d'adversaire.

« Ô Osiris N, tu as reçu pour ton bras des fleurs anχ-amû excellentes, et ta main est purifiée; (l. 4) tu reçois la résine qui perfectionne ta marche, et l'on fait pour toi des cérémonies funèbres excellentes et un bon linceul du cuir de Set ton adversaire, afin de réjouir ton cœur dans ta tombe. Tu as saisi Nephthys de ta main (l. 5) droite pour réjouir ton cœur en voyant ta sœur qui te pleure dans Mendès, qui s'afflige pour toi dans Abydos : elle fait pour toi des lamentations désespérées avec sa sœur Isis et toutes deux versent sur toi des pleurs (l. 6) et des gémissements. Tu reçois les pleurs d'Isis et les gémissements de Nephthys; tu as pleuré Râ sous forme

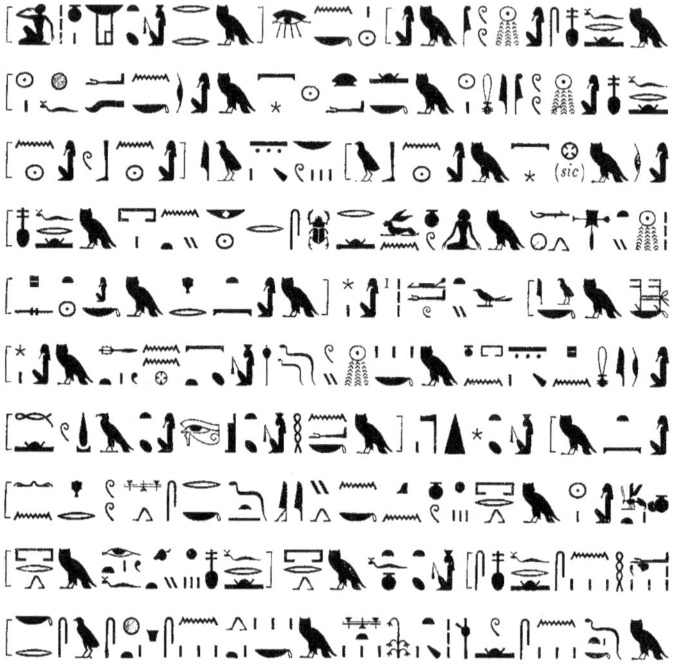

de rayons excellents pendant le jour ; tu as empoigné le dieu Lune pendant
la nuit ; tu apparais pendant le jour comme les rayons excellents (l. 7) du
Soleil qui se lève sur toute terre, te levant pendant la nuit en qualité de
Lune excellente dans la maison de fête pour produire le repos après la lumière du jour. Tu culmines au ciel comme un astre[1] unique, car tu es (l. 8)
Sah'û dans le sein de la déesse Nût ; ton rayonnement sur cette terre est
comme la Lune en son plein, et Isis est avec toi en qualité de Sothis au ciel
sans s'écarter de toi à jamais. Elles viennent à toi, les couleurs grasses (l. 9)
issues de Râ, le miel émané de son œil, l'argile excellente émanée de Tawnet ; elles rendent tous tes membres parfaits, elles élargissent tes pas sur la
voie du midi, guident ton corps sur les voies du nord (l. 10), elles établis-

---

[1] Le pluriel manque au pap. de Boulaq.

sent ta demeure sur les voies d'occident [1], font ta maison stable sur les voies
de l'orient, car tu es puissant en toute heure. Elles viennent à toi, les couleurs émanées de Set, sang des impies soulevés contre toi, (l. 11) et ton cœur
se réjouit du massacre de tes adversaires; tu as semé le carnage parmi qui
s'écarte de toi, et ton nom est prononcé en vie, santé, force, les souffles de ta
voix [s'élèvent] vers les deux Mâ; tu te lèves dans la *Demeure de la bande-*
lette, et l'on chante tes louanges [2] dans (l. 12) le Duàû, car tu es un dieu en
forme de Xû, c'est toi l'image d'Osiris, la forme excellente d'Anubis : tu es
en ta place de justification, ton nom est stable dans le Nuter-χer, éternellement, comme celui d' (l. 13) Osiris, dieu grand dans la grande demeure. »

[1] ⸻, pap. de Boulaq.

[2] Je crois que le texte est fautif et qu'il faut lire : ⸻.

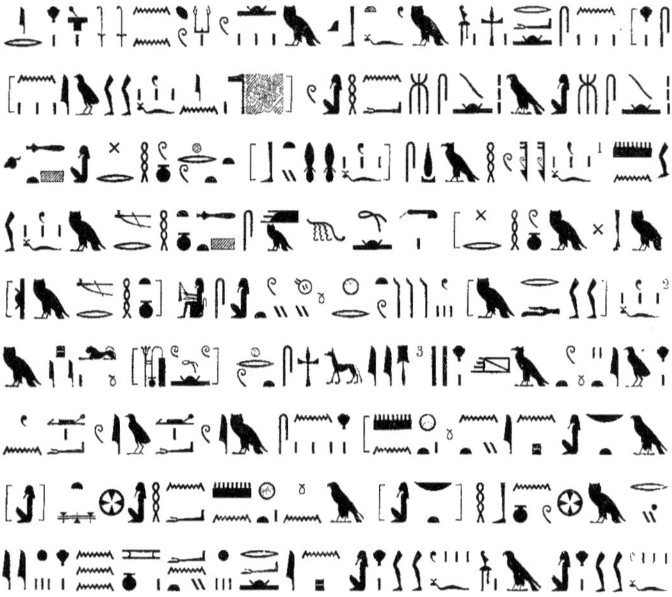

Ensuite faire les cérémonies préservatrices des bras droit et gauche; puis le divin. . . . . avec les enfants d'Horus et ceux de Xent-Aat accomplissent les cérémonies préservatrices pour les deux jambes du défunt. Frotter (l. 14) la plante des pieds, les tibias[1] et les cuisses du défunt avec l'huile de la pierre noire (?), puis oindre une seconde fois avec l'huile sainte. Envelopper les doigts des pieds[2] dans une étoffe (l. 15), dessiner deux chacals[3] sur deux morceaux de toile, la face de l'un tournée vers l'autre, sur une bandelette d'Anubis, seigneur de Di-Hor, et sur une bandelette de Horus, seigneur de Hebennû (l. 16) avec des couleurs délayées dans de l'eau parfumée. Mettre Anubis sur la jambe droite du défunt, Horus sur la jambe gauche :

[1] C'est une forme de  (Brugsch, *Dict.* p. 1276, 1277, s. v., 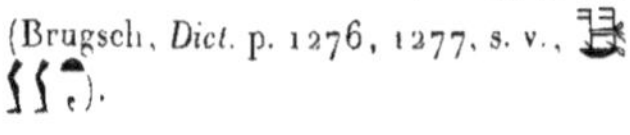).

[2] Le papyrus de Boulaq donne le singulier .

[3] Boulaq, 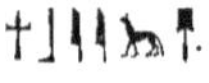.

envelopper avec une étoffe de fin lin de la même fabrication. Mettre des fleurs anχ-amû, du natron, (l. 17) de la résine en six doses (?)[1], afin de compléter la préparation des jambes, et fixer le tout avec de l'eau de gomme d'ébène, trois doses sur la jambe droite, trois sur la jambe gauche. Mettre des fleurs senb nouvelles, le tout faisant (l. 18) douze substances employées pour la jambe gauche; et des bandes d'étoffe faisant en tout douze pièces pour la jambe gauche du défunt; puis oindre d'huile sacrée.

Dire, après l'onction du maillot funèbre :

«Ô Osiris N, (l. 19) elle vient à toi l'huile sacrée pour perfectionner ta

____

[1] Le texte n'a ici que le chiffre ‖. Il faut rétablir le chiffre ⦀, ainsi que le prouve la subdivision en deux parties, de ııı chacune.

marche, elle vient à toi (l. 20) l'huile de [la pierre] noire (?), pour faire que tes deux oreilles entendent dans tout pays, et ta marche est puissante sur la terre, et tes pas sont grands dans les temples, tu vas à ta place dans le Duàù, tu te manifestes, (l. 21) tu respires dans Abydos, les bandelettes des dieux entrent vers tes bras, le grand vêtement des déesses vers tes membres, et tes deux bras sont forts [1], tes deux jambes sont puissantes.

« Il vient à toi (*bis*), (l. 22) Osiris N, il vient à toi, Hor-Hût, dieu grand seigneur du ciel, seigneur de Mesen, dieu grand bienfaisant dans Tes-Hor; il te donne une bandelette (l. 23) dans [2] Edfou, un voyage heureux vers

---

[1] Corriger ⲝ ⲗ. — [2] Cette locution a été répétée par erreur au papyrus de Boulaq.

Hût, que tu entres dans Hût à l'horizon, que tu unisses tes biens à ceux des enfants de Râ, qu'il te donne des fleurs an χû de Hût, [sur]

PAGE X.

(L. 1) « le pin sacré à côté de Râ à l'horizon éternel; qu'il te donne des gâteaux(?) et des guirlandes dans Hût, pour les offrandes à faire aux enfants de Râ.

« Il vient à toi (*bis*), Osiris N, (l. 2) il vient à toi Hor Mer-ui, seigneur de Sᶜedennû, dieu grand dans le territoire de Pegà, et tu implores le dieu grand dans Sᶜedennû et tu te manifestes (l. 3) avec lui dans la barque *Ne-*ᶜ*em* : il renverse tes adversaires, il donne sa pique pour aller sur le Nû, et Hor-Hût est avec lui en qualité de prêtre *Mesni* excellent pour renverser tes adversaires dans le Nû.

(L. 4) « Il vient à toi (*bis*), il vient à toi, Osiris N, Khem, seigneur de Mapù, dieu grand dans S'ennû. Il te donne d'apparaître comme le Soleil à l'orient, (l. 5) de te lever comme le dieu Lune au midi; il te donne une bandelette de· *Hàt-Aâk*, d'une étoffe mystérieuse faite en toile de *Sent* (crainte); il te donne l'étoffe de *Nehàm-tera* (joie et adoration), l'étoffe de *Ahaï* (exclamation), des étoffes fabriquées (l. 6) à Panopolis. Horus, seigneur de vie, veille sur toi; Horus, défenseur de son père, te protége; on te fait une libation d'eau dans Panopolis, comme (l. 7) une offrande qui réjouit ton cœur, et des fleurs sacrées du pin de Râ sur lequel se pose l'âme d'Osiris.

« Il vient à toi (*bis*), Osiris N, (l. 8) il vient à toi Supti, seigneur d'Orient.

seigneur du massacre dans la *Ville du sycomore*. Il te donne un voyage heureux dans les pays d'orient comme à Xent-Ament, une bonne fête (l. 9)
au pays d'occident comme à celui qui est véridique : Râ se lève sur toi
dans sa chapelle, et il produit sa lumière par ses rayons.

« Ô Osiris N, (l. 10) les dieux et les déesses t'ont revêtu de bandelettes;
les dieux vaillants t'ont vêtu comme Horus lui-même fit pour Osiris.

« Il vient à toi (*bis*), Osiris N, (l. 11) il vient à toi, Anubis seigneur de
Ti, dieu grand dans. . . . . [1]. Il fait pour toi des cérémonies préservatrices
en qualité de divin. . . . .; il rend ta marche parfaite par ses bandelettes,

---

[1] Le nom de ville qui complète le titre du dieu a été passé, et l'espace qu'il devait remplir laissé en blanc dans les deux manuscrits.

(l. 12) agrandit ton nom dans les nomes d'Osiris et dans les temples d'Horus. Il t'accorde la vaillance dans Ti-hor, un voyage heureux aux pays d'Occident et d'Orient; il consolide tes os (l. 13) dans ton enveloppe et conserve tes chairs dans tes bandelettes.

« Il vient à toi (*bis*), Osiris N, il vient à toi Horus, seigneur d'Hᶜebennû, (l. 14) dieu grand dans Mehᶜ. Il t'apporte une bandelette de Mehᶜ, une étoffe mystérieuse de Hᶜebennû, une enveloppe d'étoffe d'Edfou; il te donne un vêtement (l. 15) de combat, un linceul de....., car tu es comme un taureau de combat vaillant dans l'Ament, tu vas pour lutter en présence d'Osiris, tu as mis en fuite tes ennemis si bien qu'ils ne viennent plus (l. 16) contre toi, à jamais.

« Ils viennent à toi (*bis*), Osiris N, ils viennent à toi le. . . . . issu d'Horus,
les parfums émanés de Râ, le natron (l. 17) venu de Neχeb, les fleurs anχ-
amû venues d'Osiris, la résine émanée du dieu grand, la gomme émanée
d'(Unnower) véridique : ces substances entrent dans tes jambes, elles te
rendent témoignage, (l. 18) et tu marches sur une terre d'or, sur un sol d'or ;
tu te laves sur une pierre d'argent, sur un sol d'or[1] ; tu es enseveli sur des
grains de (l. 19) turquoise ; tu marches vers la demeure *du chef;* tu pénètres dans Ha-Benben à jamais, pendant la fête (?) ; tu pénètres dans la
chapelle[2] pendant les jours heureux, car tu es le Phénix forme de Râ (l. 20)

[1] Pap. de Boulaq,   .   [2]   .

pour que tu voies ton nom dans tous les nomes, pour que tu voies ton âme
au ciel, ton corps au Duàû, tes images dans les temples, car tu vis, tu vis
à toujours, car tu rajeunis, tu rajeunis à jamais, Osiris N, né de la dame N,
(l. 21) puissent ces noms être stables et parfaits dans la demeure divine
d'Ammon-Râ, roi des dieux, type sacré, chef de tous les dieux, à jamais!

L'ouvrage dont on vient de lire la traduction n'était pas un
manuel d'embaumement à l'usage des prêtres égyptiens. Dès
les premières lignes du texte, il est facile de voir que la partie
chirurgicale de la momification est entièrement terminée. Le
corps a été ouvert, vidé, saturé de natron; il ne reste plus
qu'à l'habiller pour la tombe. Notre livre renferme la description de cette funèbre toilette. On y trouve énumérés tout au
long et pour chaque partie les diverses sortes d'étoffes dont
on revêtait le défunt, les amulettes dont on chargeait ses
membres, les matières antiseptiques dont on l'enduisait, les
prières qui accompagnaient chaque détail de l'habillement.

7.

Autant que les lacunes des premières pages permettent d'en juger, la partie conservée du manuscrit de Boulaq traitait d'abord de la poitrine, des intestins et du dos; venaient ensuite le dorage des ongles, la préparation de la tête et l'emmaillottement des mains et des bras. Les dernières pages sont consacrées à l'ensevelissement des pieds et des jambes.

Deux sortes de personnages prenaient part ou étaient censés prendre part aux opérations : les prêtres et les dieux. Les prêtres appartenaient à l'ordre des [hiéroglyphes], *choachytes*, dont le nom égyptien ne me paraît pas pouvoir être mieux rendu que par nos mots *officiant, célébrant*. Ils étaient adjoints à un autre prêtre dans le nom duquel entre un signe que je n'ai pu déchiffrer, [hiéroglyphes]. Comme le signe inconnu présente quelque ressemblance avec le sigle démotique de [hiéroglyphe], j'ai pensé qu'on pourrait peut-être reconnaître dans le groupe incertain le titre de [hiéroglyphes], [hiéroglyphes], qui, dans les stèles du Sérapéum, sert à désigner une classe d'individus attachés au service des temples. Le [hiéroglyphes] paraît avoir eu le rang le plus élevé et le rôle le plus important dans les cérémonies de l'embaumement. Il restait seul auprès du cadavre à de certains moments où les autres prêtres devaient s'éloigner : on supposait qu'il entrait alors en communication directe avec les dieux qui étaient censés prendre une part active à l'opération. Ces dieux étaient Anubis, les enfants d'Horus, les enfants de Râ et les enfants de Khent-Aa. Je ne sais trop quelles divinités il faut comprendre sous ce dernier nom; les enfants d'Horus étaient les quatre génies de l'Ament: Amset, Dûâū-mût-ew, Hapi et Qebsennu-w, au soin desquels on remettait les viscères extraits du corps et enfermés dans des vases Canopes. On peut se demander si ces dieux n'assistaient qu'en esprit aux opérations, ou si, pour mieux simuler leur présence, on ne faisait pas intervenir, à de certains moments, des prêtres revêtus d'insignes et de masques divins. Ils accomplissaient, de compte à demi avec le , différents rites, dont le plus mystérieux a rapport à la tête :

Ensuite, lorsque Anubis, supérieur du Mystère, s'est placé sous la tête de ce dieu, que nul prêtre officiant ne s'approche pour faire entrer le supérieur du Mystère et toutes ses vertus magiques dans le défunt, excepté le divin..... C'est lui qui fait entrer ces vertus dans la tête du défunt par la main [d'Anubis], le supérieur du Mystère.

Je pense qu'ici Anubis, le supérieur du Mystère, est une personnification de l'hypocéphale; c'est la seule manière d'expliquer comment il peut s'établir sous la tête du défunt et faire pénétrer dans le crâne ses vertus magiques. On sait, en effet, que l'hypocéphale avait la faculté de conserver dans le corps même momifié une sorte de vie latente, qui permettait plus tard aux dieux de ranimer la vie réelle et de rendre à l'homme sa forme primitive.

Le livre renferme deux sortes de textes : 1° des instructions au sujet des opérations à faire sur chaque partie du corps; 2° des prières qu'on devait prononcer après chacune de ces opérations.

Les matières énumérées dans les instructions et employées à l'ensevelissement peuvent être classées sous quatre chefs : liquides d'origines diverses, plantes, minéraux et tissus. Les liquides employés sont l'eau, les huiles, le miel, la poix et les parfums. On reconnaît parmi les huiles, l'huile de cèdre, [hiéroglyphes][1]; une espèce d'huile orientale, [hiéroglyphes][2], peut-être identique à l'huile de cèdre; l'huile de la pierre noire (?) [hiéroglyphes], peut-être une espèce d'huile minérale[3], et plusieurs espèces d'huiles, [hiéroglyphes], extraites de l'olivier, [hiéroglyphes]. Une de ces espèces s'appelle [hiéroglyphes], l'huile sainte, une autre [hiéroglyphes], l'huile détachée des choses divines, sans qu'il me soit possible d'établir la différence qu'il y avait entre les deux espèces[4]. On y faisait dissoudre toutes sortes de matières qui la rendaient épaisse et pâteuse, [hiéroglyphes][5]. La poix était surtout un produit d'exportation étrangère : extraite du [hiéroglyphes], qui croissait sur les montagnes de la Phénicie, elle venait surtout du port de [hiéroglyphes], Gabaon, Byblos[6]. Le miel, [hiéroglyphes], n'est mentionné qu'accessoirement[7], mais les parfums de différente nature jouaient un grand rôle. L'eau de rose, [hiéroglyphes][8]; l'eau parfumée d'encens (?), [hiéroglyphes]; l'eau de Mestennû, [hiéroglyphes][9], et plusieurs autres sortes dont les noms ne sont pas donnés, reviennent assez souvent; dans une occasion il est question de dix espèces de parfums, [hiéroglyphes], qu'on mélangeait dans un même vase, et dont on enduisait tout le corps, à l'exception de la tête[10].

Parmi les végétaux, on trouve quelques arbres : le cèdre, [hiéroglyphes]

---

[1] P. ii, l. 10. Voir p. 19.

[2] P. ii, l. 11. Voir p. 19.

[3] P. ix, l. 14. Voir p. 43. A la même page ligne 20, elle est appelée simplement [hiéroglyphes].

[4] P. viii, l. 17. Voir p. 37.

[5] P. iv, l. 16 et 20. Voir p. 26.

[6] P. iii, l. 1, 2. Voir p. 21.

[7] P. iii, l. 10. Voir p. 22.

[8] P. viii, l. 18. Voir p. 37.

[9] P. viii, l. 18. Voir p. 37.

[10] P. i, l. 5. 6. Voir p. 18.

［hiéroglyphes］[1] ; le sapin (?), ［hiéroglyphes］[2] ; l'ébénier, ［hiéroglyphes］[3] ; l'olivier, ［hiéroglyphes］[4], et autres, que l'impossibilité où je me trouve d'identifier leurs noms avec des noms d'arbres connus en copte ou en hébreu, m'empêchent de reconnaître. Peut-être l'［hiéroglyphes］, sur lequel perchait l'âme d'Osiris[5], était-il une sorte de pin et non pas un perséa comme le pense Champollion, un sycomore ou un abricotier, comme le croit Brugsch. La majorité des végétaux employés se composait d'arbrisseaux ou même de simples herbes d'espèces souvent inconnues : l'［hiéroglyphes］[6], dont le bois servait à fabriquer des amulettes, et qui paraît avoir été une variété d'acacia; la fleur, ［hiéroglyphes］[7] ; les joncs, ［hiéroglyphes］[8] ; le foin nouveau, ［hiéroglyphes］[9] ; la rose, ［hiéroglyphes］[10] ; les herbages, ［hiéroglyphes］[11] ; le sennûpet, ［hiéroglyphes］[12] ; les ［hiéroglyphes］ ou ［hiéroglyphes］[13] ; les palmes, ［hiéroglyphes］[14]. La résine, ［hiéroglyphes］, écrit une fois ［hiéroglyphes］[15], venait de l'étranger, ［hiéroglyphes］[16]. Elle était de deux espèces : la résine de Phénicie, ［hiéroglyphes］[17], ou de ［hiéroglyphes］, la ville de Thabor[18] ; la résine de Coptos, ［hiéroglyphes］[19], où elle avait été probablement apportée d'Arabie par la mer Rouge, Myos-Hormos ou Bérénice et la voie du désert. La gomme, et, dans un cas spécial, la gomme qui découle de l'ébénier, ［hiéroglyphes］[20], et du pal-

---

[1] P. ii, l. 10. Voir p. 19.

[2] P. iv, l. 7. Voir p. 24.

[3] P. x, l. 17. Voir p. 50.

[4] P. iii, l. 10. Voir p. 22.

[5] P. x, l. 1 et l. 7. Voir p. 46 et 47.

[6] P. v, l. 4; p. vi, l. 6, 7; p. vii, l. 7; p. viii, l. 17; p. ix, l. 16; p. x, l. 17, etc.

[7] P. ix, l. 23. Voir p. 46.

[8] P. viii, l. 9. Voir p. 35.

[9] P. vi, l. 1; p. vii, l. 10-12; p. viii, l. 8, 9. Voir p. 29, 33, 34, 35.

[10] P. viii, l. 18, 19. Voir p. 37.

[11] P. iii, l. 4. Voir p. 21.

[12] P. vi, l. 6, 7. Voir p. 30.

[13] P. vii, l. 11; p. viii, l. 6. Voir p. 33, note 4 et p. 25, note 2.

[14] P. vii, l. 11, 12; p. viii, l. 5, 6. Voir p. 33, note 2, et p. 35.

[15] P. iii, l. 1. Voir p. 21.

[16] P. viii, l. 18. Voir p. 37.

[17] P. iii, l. 1. Voir p. 21.

[18] P. iii, l. 7. Voir p. 21.

[19] P. iii, l. 6; p. vii, l. 8, 22. Voir p. 21, 23.

[20] P. ix, l. 17. Voir p. 44.

mier, [hiéroglyphes][1], paraît n'avoir été employée qu'accessoirement. Un semis de grains de myrrhe, [hiéroglyphes][2], devait être placé sous la tête du défunt. La plupart des plantes mentionnées étaient employées comme symboles : ainsi les palmes. Le texte dit que les palmes sont Osiris, et en effet une des formes de ce dieu, l'*Osiris en morceaux*, Osiris Sep, porte sur la tête deux longues pousses de palmes [hiéroglyphe].

Parmi les minéraux, on remarque en première ligne le natron, [hiéroglyphes][3] ou [hiéroglyphes][4], l'or et l'argent, l'électrum et plusieurs sortes de pierres précieuses : le lapis, la turquoise, [hiéroglyphes], la cornaline, [hiéroglyphes]. Les variétés d'étoffes, ou peut-être les noms divers sous lesquels une seule et même étoffe était connue, ne constituent pas une des moindres difficultés d'interprétation. Pour déterminer la forme, la nature et la qualité des tissus consacrés à l'embaumement, il faudrait, notre livre à la main, faire sur les momies d'époque gréco-romaine une étude spéciale. En tenant compte des indications fournies au sujet de l'ensevelissement de la tête, on parviendrait peut-être à déterminer ce qu'étaient les [hiéroglyphes], les [hiéroglyphes], les [hiéroglyphes], les [hiéroglyphes], les [hiéroglyphes], les [hiéroglyphes][5]. Le mot [hiéroglyphes] paraît désigner d'une manière générale toute espèce de tissu, et [hiéroglyphes] les bandelettes funéraires; quant au reste, j'ai dû traduire au hasard, me fiant à l'indulgence du lecteur pour mon ignorance en matière de lingerie.

Les prières sont construites mécaniquement sur les données contenues dans les instructions. Elles commencent presque toutes soit par [hiéroglyphes] . . . . . [hiéroglyphes] . . . . . , soit par [hiéroglyphes] . . . . . La première de ces formules est complétée

---

[1] P. vii, l. 12. Voir p. 34.

[2] P. vii, l. 2. Voir p. 32.

[3] P. vii, l. 8, etc. Voir p. 33, etc.

[4] P. viii, l. 17. Voir p. 37.

[5] Voir p. 21, note 3, et p. 25.

d'ordinaire par le nom d'une des matières énumérées dans les instructions : [hiéroglyphes] . . . . . [hiéroglyphes], *Elle vient à toi* (*bis*), *Osiris N, elle vient à toi, l'huile épaisse;* ou bien par le nom d'une des divinités : [hiéroglyphes] . . . . . [hiéroglyphes], *Elle vient à toi* (*bis*), *Osiris N, elle vient à toi, la déesse Neχeb du Sud.* Suivait l'énoncé des vertus que possédait chacune des substances, ou des bienfaits que chacun des dieux réservait au défunt par le fait des rites de l'embaumement. On y apprend que les matériaux employés passaient pour avoir une origine divine et même pour être chacun une divinité. On a : l'*anχ-amû*, la gomme, la résine, le cèdre, émanés d'Osiris; le pin, le *sennûpet*, le miel, émanés de Râ ou de son œil, etc. L'huile, sous le nom de [hiéroglyphes], est traitée comme une déesse véritable. Les différents liquides sont assimilés aux liquides contenus dans le corps immatériel des dieux, à leur ichor, [hiéroglyphes]; à leur sueur, [hiéroglyphes]; à leurs humeurs mystérieuses, [hiéroglyphes]; à leur eau, [hiéroglyphes]; à leurs membres divins, [hiéroglyphes]; ou même aux différents liquides contenus dans le corps des impies : à leur sang, [hiéroglyphes]; à leur graisse, [hiéroglyphes]; à leur essence (?), [hiéroglyphes]; une fois même au cuir de Set, [hiéroglyphes][1]. Au lieu de recevoir simplement l'huile d'embaumement, le défunt recevait l'ichor émané des dieux, la sueur émanée des déesses, les membres divins sortis d'Osiris, les liquides mystérieux émanés de Shû. De même pour les bandelettes : il était emmaillotté dans la bandelette de Sevek, de Shed, d'Harmakhis, de Seχet, la grande amie de Phtah, ou revêtait le vêtement d'Ammon. Grâce à ces agents divins, il était préservé de la destruction, et échappait sans peine aux dangers de la vie d'outre-tombe.

---

[1] P. ix, l. 4. Voir p. 42.

La protection des dieux était encore attirée par une profusion d'amulettes qu'on mêlait aux bandages. Notre livre cite
l'hypocéphale, et décrit des phylactères qu'on devait dessiner
sur des pièces d'étoffe et mettre dans la main et sur les pieds
du défunt. Lui-même était un amulette, ainsi que le *Livre des
Morts*, le *Livre des Respirations* [1], le *Livre du grand prêtre Amen-
h'otep* et le *Livre royal* [2], ces trois derniers cités dans le papyrus
de H'eter. J'ai retrouvé le *Livre d'Amenh'otep* au papyrus 3248
du Louvre, page 24. Il est intitulé :

Livre des mystères des formes qu'a trouvées le royal *choachyte* (?) en
chef Amenh'otep, fils de H'api, le véridique, et qu'il s'est faites pour lui-
même, comme amulette préservateur de ses membres.

Ce n'est qu'une litanie de noms magiques, dont il suffira
de donner les premières lignes :

O *S'ā[ouā]gātannāgāta*, fils d'*Alkata*, *Kaouāls'āgūta*, le............!

____

[1] P. v, l. 10, 11. Voir p. 28. — [2] P. III, l. 23. Voir p. 28.

Ô le taureau, maître du phallus d'Hor! Aide-moi; que je sois délivré de toute chose mauvaise et nuisible.

Le texte continue de la sorte pendant une trentaine de lignes. Le *Livre des Souffles* a été publié par Brugsch, et se trouve à plusieurs exemplaires dans tous les musées de l'Europe. Le papyrus de Boulaq n° 7 renferme les fragments d'un *Livre royal*. C'est la fin d'une sorte de traité mystique renfermant « les prières qu'on doit adresser à chaque heure de la « nuit et à chacune des divinités protectrices de ces heures, « pour la santé du roi et pour l'éloignement des maux qu'il « pourrait craindre [1]. » Comme le morceau n'est pas long et qu'il présente certaines difficultés de déchiffrement, je me permets d'en donner ici un premier essai de traduction :

PAGE I.

[(Ligne 15) Septième heure. — Veillez, ô vous qui êtes dans votre heure] — veillez, [(l. 16) ô vous qui êtes dans la nuit! — Faites bonne garde sur le

[1] Mariette, *Papyrus du musée de Boulaq*, t. I, p. 10 et pl. XXXVI-XXXVIII.

8.

Pharaon], v. s. f. qui est] un de [(l. 17) vous, — étant sous la forme de Nephthys. — Lorsque sa châsse (?)] s'ouvre, —

PAGE II.

(ligne 1) le scarabée vénérable aux ailes étendues qui se trouve en elle. — sort au ciel supérieur, — lui qui mesure une coudée de hauteur, — [une] coudée de largeur, — [une] coudée (l. 2) pour la circonférence de sa tête, — et dont le nom est *Million de ses Naissances*, en vérité, — et il agit comme un amulette — protecteur pour les membres du (l. 3) Pharaon, qui est son fils qui l'aime; — il abat l'adversaire sorti d'An, — et le Pharaon v. s. f. devient un lion vivant, — aux deux yeux (l. 4) de flamme, à la face de lumière; — ô toi qui te manifestes dans les bourrasques, et

qu'on ne voit point, — écrase ses ennemis, — veille sur le (Pharaon)
v. s. f. — (l. 5) et délivre-le [1] de toutes choses mauvaises.

Huitième heure. — Veillez, ô vous qui êtes dans votre heure, — veillez.
ô vous qui êtes dans (l. 6) la nuit! — Oh! faites bonne garde sur le
(Pharaon) v. s. f. qui est un de vous, — parce qu'il a revêtu sa forme de
Seb, — et qu'il est Râ à (l. 7) son lever dans l'horizon oriental du ciel; —
les dieux et les déesses se prosternent devant sa face excellente — lorsqu'il
fait les transformations de Râ chaque jour, — car l'être du (l. 8) (Pharaon)
v. s. f. est l'être de Râ et réciproquement. — et son image est le Phénix

---

[1] Il faut noter que, dans ce manuscrit, ∥ est presque partout un pronom masculin se rapportant à (le Pharaon), le *Pharaon*, la forme non vocalisée de l'antique et le prototype du neutre copte-ϭ, qu'on a confondu à tort avec le pronom féminin -ϭ de la troisième personne du singulier. Les exemples de ∥ pour ne sont pas rares aux basses époques. En voici un exemple des mieux caractérisés emprunté au cercueil d'Heter : (Brugsch, *Monuments*, t. I, pl. XXXV a), *ton âme vole, elle s'élève vers le ciel*, pour .

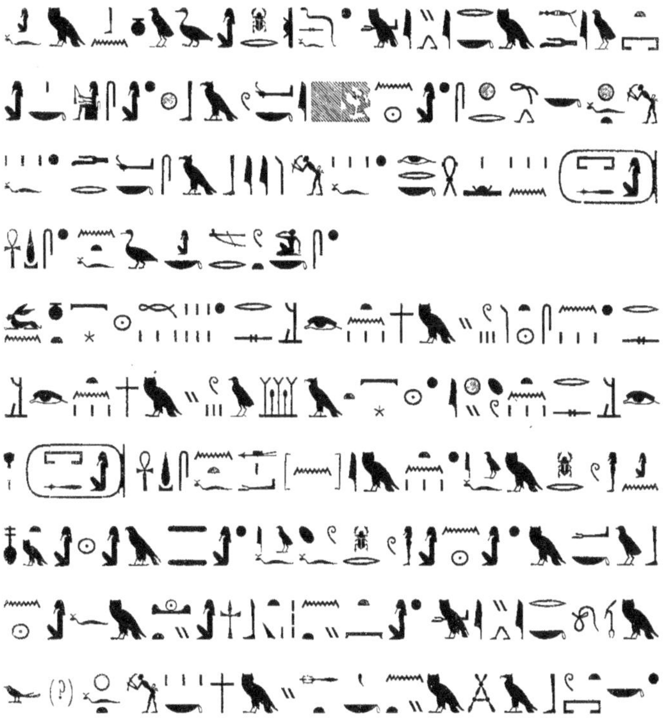

qui devient lui-même. — Viens en ta retraite sacrée, — courbe (l. 9) les [ennemis] de Râ, — abats ses adversaires, — écrase ses contempteurs, — veille sur le (PHARAON) v. s. f. — qui est ton fils que tu aimes.

L. 10) NEUVIÈME HEURE. — Veillez, ô vous qui êtes dans votre heure, — veillez, ô vous qui êtes dans la nuit! — Oh! faites bonne garde (l. 11) sur le (PHARAON) v. s. f. qui est un de vous, — parce qu'il est sous sa forme de Nower-Tum Râ Harmaχis, — et qu'il prend sa forme de Râ, — lorsqu'il se lève (l. 12) à l'horizon oriental du ciel. — Viens, renverse tes adversaires; — tes viscères qui sont dans ton cercueil, — veille sur eux,

— fils d' (1. 13) Hor résidant dans Xeti, seigneur de l'Égypte? — chacal du Midi, guide des deux régions, — chasse ses contempteurs, ceux dont le cœur est obstiné contre lui! — Viens, (1. 14) abats tes adversaires, — fais des cérémonies préservatrices pour le (PHARAON) v. s. f. — délivre-le de toute chose mauvaise et malfaisante.

DIXIÈME HEURE. — Veillez, (1. 15) ô vous qui êtes dans votre heure, — veillez, ô vous qui êtes dans la nuit! — Oh! faites bonne garde sur le (PHARAON) v. s. f. — qui est (1. 16) un de vous, — parce qu'il est en sa forme de *Celui qui éclaire les deux régions.* — Salut à toi, *Dieu du matin!* — Salut à toi, *dieu du matin!* — qui te lèves à l'horizon oriental du ciel.

— viens, taureau saillant sur la terre (?)[1] — abats les contempteurs en ta
forme [présente].

PAGE III.

(Ligne 1) Acclamation à toi, seigneur de lumière, dont le nom est *Celui
qui abat l'adversaire!* — Fais des cérémonies préservatrices pour le (Pharaon)
v. s. f. — Délivre-le de tout prestige malfaisant.

Onzième heure. (L. 2) — Veillez, ô vous qui êtes dans votre heure, —
veillez, ô vous qui êtes dans la nuit! — Oh! faites bonne garde sur le
(Pharaon) v. s. f. — qui est un de vous — (l. 3) parce qu'il est dans la
forme *d'Horus, seigneur de joie.* — Horus le grand, dont la face illumine, —
il... sa demeure dans les ténèbres, — et prête sa lumière à Horus, sei-

---

[1] Lecture incertaine. Au-dessous de 🐂 une glose illisible à l'encre rouge.

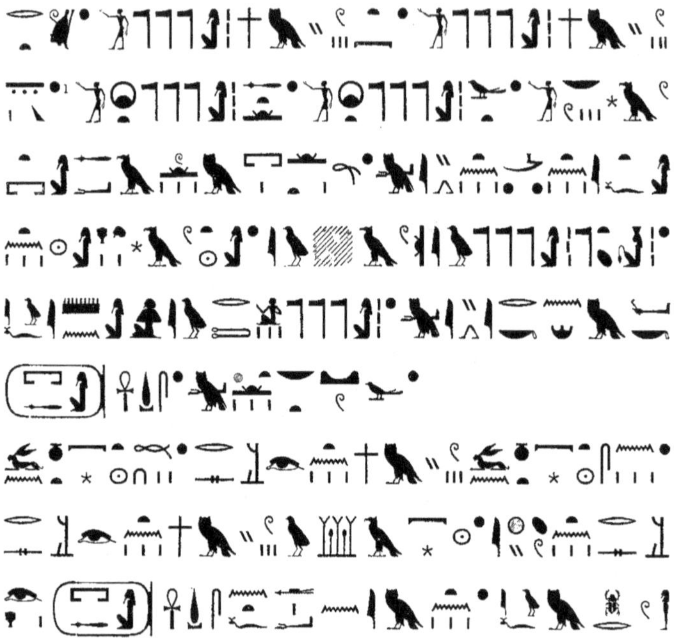

gneur (l. 4) du diadème. — Ô dieux qui êtes dans le ciel, — ô dieux qui êtes sur la terre [1], — ô grand cycle divin, — ô petit cycle divin, — (l. 5) ô seigneurs du Duâû, grands dans la maison du Livre, — venez, contemplez votre père Râ, au matin, — lui qui est plus..... que les dieux et les déesses, — (l. 6) lui qui est plus mystérieux que les hommes et les dieux! — Viens, délivre le [PHARAON] v. s. f. — de toutes choses mauvaises.

Douzième heure. — Veillez, (l. 7) ô vous qui êtes dans votre heure, — veillez ô vous qui êtes dans la nuit! — Oh! faites bonne garde sur le [PHARAON] v. s. f. qui est un de (l. 8) vous, — étant dans la forme d'Am-

---

[1] Le scribe avait ajouté : ⟦⟧, qu'il a barré à l'encre rouge.

(sic)

mon-Râ, seigneur du trône des deux mondes, — habitant les Ap ! — Oh !
seul un, issu du Nû, — plus *lumineux* (l. 9) que les *Lumineux,* — plus
jeune que les *Jeunes,* — conçu hier, — enfanté aujourd'hui, — grand lion
mystérieux qui réside dans Manû, — lion (l. 10) de Manû qui réside dans
Ḥˤût, — dont l'âme est au ciel, — dont le corps est au Duȧû, — dont la
grande forme vit, qui est dans On du Midi, — viens en ta forme (l. 11)
d'Orage, — délivre le ⟨Pharaon⟩ v. s. f. — défends-le de tout adversaire,
de toute ombre mauvaise.

Réciter ces formules sur les dieux qui sont figurés dans le dessin, —
tracés avec de la (l. 12) couleur dans le champ du Lit funéraire ; — puis

dessiner devant le lit funéraire un œil symbolique avec de la gomme, — et tu placeras dans la pupille de cet œil un homme assis. — Lorsque tu (l. 13) réciteras l'incantation, place-toi dans la position de quelqu'un qui se soulève [pour monter] vers l'endroit où est le lit funéraire (?).

C'est un talisman souverain — au ciel, sur la terre, dans le Duàû; — que nul (l. 14) œil humain ne l'aperçoive — excepté le roi lui-même, — l'officiant en chef — et le gardien des livres (?) de la double demeure de vie.

Mémorandum des noms des dieux : — L'image de Râ, — image de Khem, — image d'Horus, — (l. 15) image de Totunen, — image d'Osiris, — image d'Isis, — image de Seb, — image de Nower-Tum, — image d'Horus, sci-

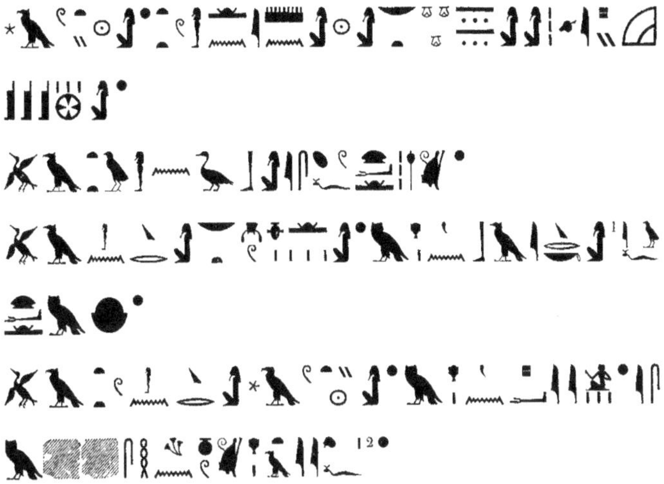

gneur de la joie, — image d'Horus, dieu (l. 16) du Matin, — image d'Ammon-Râ, seigneur des trônes du monde résidant dans les Ap.

L'image de Seb est couronnée du diadème blanc.

L'image d' (l. 17) Horus, seigneur de la joie, — a une figure d'épervier[1] couronnée du disque solaire posé sur le croissant de la lune.

L'image d'Horus, dieu du matin, — a une figure d'homme — avec le diadème sur sa tête[2].

Le haut de la troisième page est occupé par une vignette où sont figurés les douze dieux susmentionnés avec leurs attributs. Le lit funéraire et l'œil mystique, dont la description a

[1] Pour . Le scribe, habitué à écrire le nom de l'épervier divin , n'a pas observé que, dans , le signe n'était pas le nom du dieu Horus, mais le déterminatif de , qui signifie simplement *épervier*.

[2] Le pronom et le point • ont été transportés de la planche XXXVII à la planche XXXVIII par une erreur du dessinateur.

été donnée, manquent, et se trouvaient probablement sur une portion du papyrus aujourd'hui perdue.

Après la vignette, le texte continue :

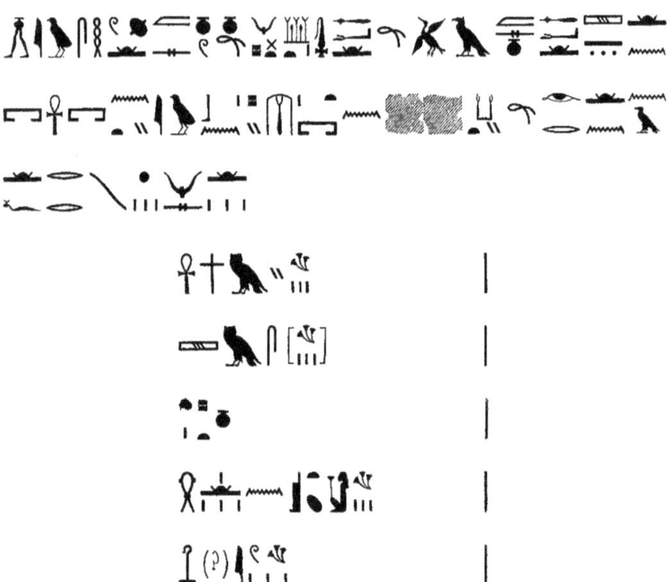

(Ligne 1) Recette pour la liqueur *Apt-shāt-áā* (?) la liqueur très-mystérieuse de la double demeure de vie, qui..... Le talisman se compose en ses ingrédients, à savoir [de] :

1re COLONNE.

(L. 2)	Plante *Anχ-amú*	1
(L. 3)	Épi	1
(L. 4)	Liqueur *Apt*	1
(L. 5)	Plante *Sau-n-Isis* (amulette d'Isis)	1
(L. 6)	Plante *Sau* (?)	1

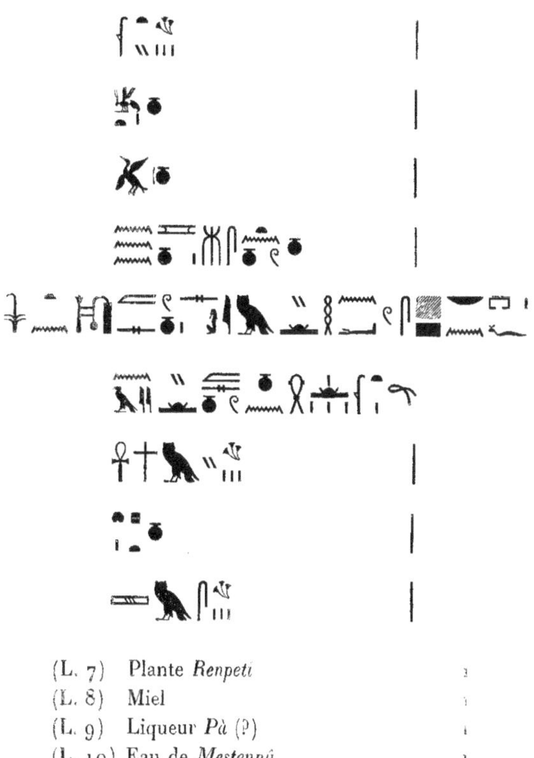

(L. 7)   Plante *Renpeti*   1

(L. 8)   Miel   1

(L. 9)   Liqueur *Pà* (?)   1

(L. 10) Eau de *Mestennâ*   1

(L. 11) Le scribe royal (?) oint l'homme avec cette liqueur, ainsi que

2ᵉ COLONNE.

(Ligne 1) toutes les. . . . . . de sa maison.

(L. 2) La liqueur de l'amulette annuel :

(L. 3)   Plante *Anχ-amû*   1

(L. 4)   Liqueur *Apt*   1

(L. 5)   Épis   1

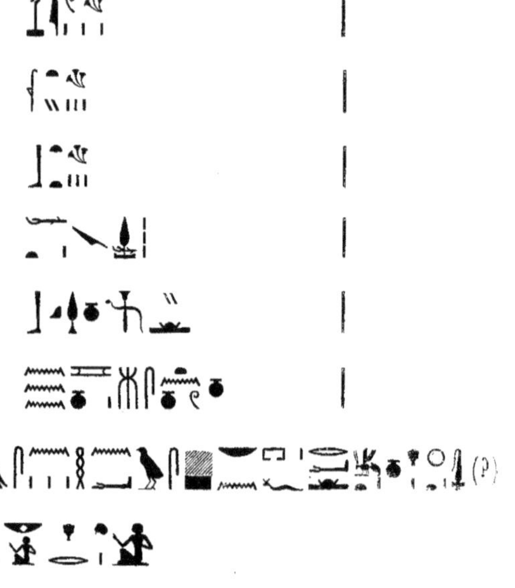

(L. 6)   Plante *Sau* (?)

(L. 7)   Plante *Renpeti*

(L. 8)   Orge (?)

(L. 9)   Arbre χ*et*

(L. 10) Huile fraîche

3ᵉ COLONNE.

(Ligne 1) Eau de *Mestennû*

Oindre l'homme avec cela, ainsi que tout le. . . . . de sa maison : verser du miel sur le feu (?).

L'officiant en chef dit :

(L. 2) Ô toi qui te lèves vivant à l'orient du ciel et dont la vie est la vie par excellence, donne au ⟨Pharaon⟩ v. s. f. de vivre, de se renouveler, (l. 3) de rajeunir à jamais (*bis*); sois loué parce que tu lui assignes (?) ce berceau excellent, qui le guérit de toutes les mauvaises choses inconnues, (l. 4) qui détruit tout ce qu'il.......; que le bras de ces dieux....... l'affermisse; le ⟨Pharaon⟩ v. s. f. (l. 5) vit par son....... Ô Supti du matin, délivre-le de toutes les choses mauvaises de cette année, ne le livre pas à toutes les choses (l. 6) mauvaises, à tous [les prestiges] mauvais de cette année, Hor (*bis*)..... Seχet.....

(**L.** 7) [C'est ici] la fin du charme [tiré] de la collection des livres magiques de la Maison royale.

L'écriture de la dernière page est trop indistincte pour que
je réponde de la transcription et de la traduction des prières.
Le texte est d'ailleurs écrit dans un hiératique de basse époque,
assez difficile à lire pour qu'on me pardonne les erreurs que
j'ai pu commettre dans le déchiffrement.

Les allusions théologiques contenues au *Rituel de l'embaumement* et au *Livre de la Maison royale* sont souvent trop obscures et trop incomplètes pour qu'il soit aisé d'en saisir le
sens. Je me bornerai à faire, pour ces deux ouvrages, l'inven-
taire aussi complet que possible des notions mythologiques
qu'ils renferment. J'ai rangé à peu près par ordre alphabétique
les noms divins que j'y ai rencontrés, et j'ai consigné pour
chacun d'eux les indications ou les faits nouveaux que nous
a donnés l'étude des deux manuscrits. C'est un travail ingrat,
mais dont on ne saurait contester l'utilité.

⳨, Aâh. Le dieu Lune est identifié à ⳨, *Min* ou *Khem*
dans le *Rituel de l'embaumement*. Ainsi, p. viii, l. 19, à l'occasion d'un amulette qu'on devait mettre dans la main gauche
du défunt, il est dit : « Mettre une autre enveloppe sur laquelle
« sont dessinées une image de Râ tracée en couleur grasse et
« une figure de *Khem* en argile délayée dans du miel, dessinée
« sur cette étoffe pliée en douze. Ensuite tracer les légendes
« de ces dieux en couleur noire, à savoir : « Tu as empoigné la
« clarté du soleil, tu as saisi *le dieu Lune*. » Mettre [le tout] dans
« la main gauche du défunt, de manière qu'il ait dans la main
« la clarté du soleil, le dieu Lune, sa sœur Isis et Nephthys, et
« qu'il les tienne en sa main droite, comme au temps où il était
« encore sur la terre. » C'est ⳨ qu'on met dans la main du
défunt et c'est ⳨ qu'il saisit; donc *Khem* et *Aah'* sont identiques.

Cet amulette conférait au défunt la faculté de rajeunisse-

ment perpétuel que possédait le dieu Lune : le défunt « re-
« nouvelle sa jeunesse comme le dieu Lune[1]. » Après avoir saisi
le dieu Lune, pendant la nuit, le défunt se lève dans la nuit
comme Lune excellente dans la demeure de fête pour produire le repos après l'éclat et la fatigue du jour; il brille en
cette terre comme la pleine lune : [hiéroglyphes][2]. Khem
accorde au défunt d'apparaître comme le soleil à l'orient, et
de se lever comme le dieu Lune au midi; il lui donne la bandelette de [hiéroglyphes], *la ville de la lune*[3].

[hiéroglyphes], Ammon, est mentionné sous plusieurs de ses titres ordinaires : [hiéroglyphes], Ἀμουρασονθήρ, *Ammon-Râ,
roi des dieux*[4], [hiéroglyphes], *Ammon-Râ, roi des
dieux en Thébaïde*[5], [hiéroglyphes], *Ammon-Apt*[6]. Dans ce rôle de
dieu éponyme du quartier de Thèbes où s'élevait son grand
temple, Ammon porte d'ordinaire la dénomination de [hiéroglyphes]
[hiéroglyphes], *Ammon DANS Apt*, ou [hiéroglyphes], *Ammon DANS
les Apt*; mais la forme [hiéroglyphes], *Ammon-Apt*, est loin d'être
sans exemple. Le dieu adoré dans un temple, tantôt était dé-
claré habitant de ce temple, [hiéroglyphes], *Ammon DANS les
Apt*, [hiéroglyphes], *Ammon DANS Napata*; tantôt identifié à ce
temple dont il devenait l'éponyme [hiéroglyphes], *Ammon-Apt*,
[hiéroglyphes], *Ammon-Napata*. Le papyrus n° 7 nomme Ammon : [hiéroglyphes]
[hiéroglyphes][7], *Ammon-Râ, seigneur du trône des
deux pays, habitant les Apt*[8]. Le papyrus n° 3 l'appelle [hiéroglyphes]
[hiéroglyphes], *Ammon-Râ dans son apt, dans sa châsse*[9].

---

[1] Pap. n° 3, p. iv, l. 4. Voir p. 24.

[2] *Id.* p. ix, l. 6-8. Voir p. 40, 41.

[3] *Id.* p. x, l. 4, 5. Voir p. 47.

[4] *Id.* p. iii, l. 22; p. iv, l. 3. Voir p. 23, 24.

[5] *Id.* p. v, l. 13. Voir p. 28.

[6] Pap. n° 3, p. iii, l. 22. Voir p. 23.

[7] Variante : [hiéroglyphes], *seigneur des
trônes des deux pays* (Papyr. n° 7, p. iii, l. 16). Voir p. 68.

[8] Pap. n° 7, p. iii, l. 8. Voir p. 65, 66.

[9] Pap. n° 3, p. iv, l. 2. Voir p. 24.

Les deux papyrus renferment des passages importants pour l'étude du mythe d'Ammon. Au papyrus n° 7, le dieu est invoqué sous une série de titres curieux : « Oh ! un unique, issu « du Nû, — plus Xû que les Xûs, — plus éternellement jeune « que les éternellement jeunes, — conçu hier, — enfanté au- «jourd'hui, — grand lion mystérieux habitant Manû, — lion « de Manû habitant dans Hût, — dont l'âme est au ciel, — le « corps au firmament, — dont la grande forme vit qui est dans « Hermonthis, viens en ta forme d'orage [1] ! » Un passage du papyrus n° 3 nous apprend ce qu'était la *Panégyrie de la vallée funéraire*, dont il est si souvent question sur les monuments de Médinet-Habou. Tous les ans, le 29 du deuxième mois de *Shāt* [2], le dieu Ammon quittait son temple de Karnak, traversait le Nil sur une des barques sacrées attachées à son service, et débarquait dans le quartier des Memnonia [3]. Il le traversait précédé de la corporation des choachytes, qui répandaient du sable devant lui [4], et s'arrêtait à des reposoirs construits à cet effet dans certains des édifices, notamment dans celui de Médinet-Habu [5]. Il parcourait la vallée funéraire (𓇋𓄿𓈖, *Ant*), et allait faire des libations d'eau sur une table d'offrandes à son père et à sa mère [6]. On sait qu'en Égypte le culte des morts était très-développé : « Fais une libation d'eau à ton père et à ta « mère qui sont dans la vallée funéraire, disait un philosophe « d'époque pharaonique; c'est chose agréable aux dieux, qui « déclarent prendre cette libation pour eux. Ne manque pas de « leur rendre de fréquentes visites, afin que ce que tu fais pour

---

[1] Papyrus n° 7, p. III, l. 8-10 Voir p. 66.

[2] Papyrus n° 3, p. III, l. 22. Voir p. 23.

[3] Diodore de Sicile, I, ch. XLVII (cf. Eustathe, *In Iliad.* A, p. 128, édit. rom.);

A. Peyron, *Papyri Græci regii Taurinenses*, t. I, p. 41, 42, 85-88.

[4] Peyron, *ibid.*

[5] Brugsch, *Recueil de monuments*, t. II, pl. LI, 3.

[6] Pap. n° 3, p. III, l. 22, 23. Voir p. 23.

« eux, ton fils le fasse pour toi [1]. » Ammon, en allant faire des
libations à son père et à sa mère, ne faisait que remplir ses devoirs filiaux; en cela, comme en bien d'autres circonstances, le
dieu prêchait d'exemple aux simples mortels. Ammon, d'après
deux passages de notre papyrus, visitait la tombe de ses parents tous les dix jours [2]; il faut en conclure que la grande panégyrie de la Vallée, célébrée seulement tous les ans le 29 du
deuxième mois de Shāt, marquait sans doute une date com-
mémorative, celle de la mort ou celle de l'ensevelissement du
père et de la mère du dieu.

L'important est de reconnaître quels sont ici le père et la
mère d'Ammon. Dans un passage du papyrus n° 3, il est dit au
défunt : « Tu parcours sur tes deux pieds le sol de Thébaïde,
« tu marches sur la terre de Thèbes, et tu vois Ammon en toutes
« ses fêtes, et ton âme se joint aux Sesûnnû; tu vois Ammon-
« Râ, roi des dieux, en sa panégyrie excellente du second mois
« de Shāt, le 29, et Ammon-Apt t'a fait une libation d'eau sur
« une table à libations, tandis qu'il est dans la vallée funé-
« raire faisant une libation d'eau à son père et à sa mère tous
« les dix jours [3]. » Ainsi le défunt reçoit une libation d'Ammon
quand Ammon est dans la vallée funéraire et qu'il fait une
libation à son père et à sa mère. Pour que le fait soit possible,
il faut que le père d'Ammon et le défunt soient une seule et
même personne; or le défunt est Osiris, donc le père d'Ammon
est Osiris. Cette interprétation se trouve confirmée par un autre
passage du même papyrus, où il est dit du défunt : « Tu re-
« çois une libation d'Ammon-Apt tous les dix jours [4]. » Le premier passage n'est qu'une paraphrase mythologique du second.

---

[1] Pap. n° 4 de Boulaq, p. ii, l. 4-6.
[2] Pap. n° 3, p. iii, l. 23; p. v, l. 4.
Voir p. 23, 27.

[3] Pap. n° 3, p. iii, l. 21-23. Voir
p. 23.
[4] *Id.* p. v, l. 3, 4. Voir p. 27.

La parenté d'Osiris et d'Ammon, et par conséquent leur identité, paraissent avoir été indiquées dans un fragment d'Eudoxe que nous a conservé l'auteur du *Traité sur Isis et sur Osiris* [1]. « Eudoxe raconte d'Ammon (περὶ τοῦ Διός), qu'au témoi- « gnage des fables égyptiennes le dieu avait les pieds soudés « l'un à l'autre et ne pouvait marcher; aussi vivait-il dans la « solitude par honte de son infirmité. Isis lui divisa et lui sé- « para les deux membres, et le rendit propre à la marche. » Les jambes des momies étaient appliquées l'une contre l'autre et enveloppées au point de ne former qu'une seule masse. Aussi dans le *Livre des Morts* est-il dit du défunt dans l'autre monde que Dieu *lui ouvre les jambes* et lui *rend ses jambes*. Le récit d'Eudoxe était sans doute tiré d'un mythe, dans lequel on re- présentait Ammon défunt et déposé à l'écart dans la Vallée fu- néraire. Isis, la protectrice et la revivificatrice des morts, lui ouvrait les jambes, comme elle l'avait fait à son frère Osiris, et cela avec d'autant plus de droit qu'Ammon défunt devenait un Osiris.

Dans les autres passages du papyrus n° 3 où il est question d'Ammon, le dieu ne joue plus qu'un rôle secondaire. Il est associé à Ptah' et à la déesse [hiéroglyphes], *Nebt h'otep* [2]; l'influence de ces trois divinités assurait au défunt dans l'autre monde l'usage de l'ouïe, la permission de respirer à l'orient, de rece- voir des libations à l'occident à côté de son père dans la *De- meure du dieu Sevek*.

[hiéroglyphes], Anubis est nommé [hiéroglyphes], *Seigneur de Ti-Hor* [3], [hiéroglyphe]

---

[1] *De Isid. et Osirid.* c. XXXII.

[2] Pap. n° 3, p. v, l. 12-16. Voir p. 28.

[3] *Id.* p. IX, l. 15, p. X, l. 11. Voir p. 43 et 48. A la page X, le nom de la ville est écrit [hiéroglyphes] sans [hiéroglyphe] dans le pa- pyrus du Louvre. Le papyrus de Boulaq donne également [hiéroglyphes], mais inter- cale au-dessus de la ligne, entre [hiéroglyphe] et [hiéroglyphe], un sigle qui pourrait bien être la forme abrégée de l'épervier [hiéroglyphe].

꒐ ⃰, *dieu grand dans* . . . . . [1] (le nom de la ville a été laissé en blanc dans les deux manuscrits), ⃰, *supérieur du mystère* [2].

Anubis servait de messager à l'Osiris infernal. A peine le défunt était-il dans sa tombe qu'il élevait la voix vers Isis; Osiris l'entendait et dépêchait vers lui Anubis, qui venait l'appeler dans son cercueil et lui apportait l'essence du pays de Manu, qui rend les membres incorruptibles [3]. Ailleurs, le défunt est appelé l'image d'Anubis aussi bien que la forme d'Osiris [4]; aussi bien le dieu s'était glissé sous la tête du mort par la vertu de l'hypocéphale, et de là avait pénétré dans le cadavre, où il entretenait le principe de vie [5].

Le chacal debout, passant, ⃰, emblème d'Anubis, servait d'amulette. On devait tracer deux chacals affrontés, à l'encre noire, sur deux bandelettes consacrées l'une à Anubis, seigneur de Ti-Hor, l'autre à Horus, seigneur de H'ebennû; le chacal d'Anubis devait être mis sur la jambe droite, le chacal dessiné sur la bandelette d'Horus devait être posé sur la jambe gauche [6]. Les deux divinités associées de la sorte perfectionnaient les bandelettes du défunt, lui donnaient l'usage de ses jambes [7]; Anubis agrandissait son nom dans les nomes d'Osiris [8].

La forme d'Anubis connue sous le nom d'Ap-h'erû ou Ap-matennû, ⃰, est identifiée à l'Osiris de Siyout. « Il vient à toi, « l'Osiris de Siyout, et ta bouche est la bouche d'Ap-h'erû dans « la montagne d'Occident, et Osiris crie à son fils Hor [9]. » Il y a dans ce passage assimilation d'Ap-h'erû avec le défunt et avec Osiris de Siyout; l'Osiris de Siyout ne serait, en ce cas,

---

[1] Pap. nº 3, p. x, l. 11. Voir p. 48.

[2] *Id.* p. iv, l. 7, 8, 11. Voir p. 24, 25 et 53.

[3] *Id.* p. iii, l. 10, 11. Voir p. 22.

[4] *Id.* p. ix, l. 12. Voir p. 42.

[5] Pap. nº 3, p. iv, l. 7, 8. V. p. 24, 25, 53.

[6] *Id.* p. ix, l. 14, sqq. Voir p. 43.

[7] *Id.* p. x, l. 9-11. Voir p. 48, 49.

[8] *Id.* p. x, l. 12. Voir p. 49.

[9] *Id.* p. iv, l. 23; p. v, l. 1. Voir p. 27.

qu'une des formes du dieu protecteur du nome Lycopolite, Aph'erû-Anubis.

⸸, Am-lelu-k. Je ne connais pas cette divinité : son nom n'est d'ailleurs mentionné qu'une seule fois dans le papyrus n° 3 [1].

, Art. Des yeux de la divinité émanaient toutes les forces et toutes les créatures. Aussi est-il souvent question dans le *Rituel de l'embaumement* de , *l'œil de Râ*, et de , *l'œil d'Horus*. L'œil de Râ est identifié successivement avec les deux déesses-uræus du Midi et du Nord. , *Neχeb*, dans le Sud, qui est aussi Hathor, est la personnification de l'œil de Râ, seigneur des faces, ; c'est en cette forme que son âme rajeunit l'âme du défunt, qu'Isis agrandit le défunt au lieu même où elle est née, la grande déesse dans sa chambre d'accouchement, et lui permet d'embrasser l'œil de Râ en paix [2]. , *Uāzit dans Bouto*, est qualifié de , *l'œil de Râ dans les champs* [3]. De l'œil de Râ émanent l'or, le miel [4], la cire, [5]; de l'œil d'Horus sortent l'olivier [6], une liqueur, , qui pénètre le cœur du défunt à jamais [7], et le vêtement , que font au défunt les huiles épaisses dans lesquelles il est plongé : , *le vêtement sorti de l'œil d'Horus, liqueur excellente de Sevek* [8].

, Imh'otep n'est cité que dans un passage, au milieu des

---

[1] Pap. n° 3, p. vi, l. 19, 20. Voir p. 31.

[2] *Id.* p. vi, l. 10-15. Voir p. 30, 31.

[3] *Id.* p. vi, l. 5. Voir p. 30.

[4] *Id.* p. iii, l. 10. Voir p. 22.

[5] Pap. n° 3, p. iii, l. 5, 6. Voir p. 21.

[6] *Id.* p. iii, l. 10. Voir p. 22.

[7] *Id.* p. ii, l. 15. Voir p. 20.

[8] *Id.* p. iii, l. 12. Voir p. 22.

dieux qui forment le cycle d'Ammon-Thébain. Après avoir
exposé que le défunt voit Ammon, le texte ajoute : « Tu unis
« ton âme à Imh'otep, tandis que tu es dans la Vallée funé-
« raire, et ton cœur se réjouit, parce que tu ne vas pas vers la
« demeure de Sebek, et que tu es comme un fils dans la mai-
« son de son père faisant ce que tu veux en Thébaïde [1]. »

[hiéroglyphes], Isis, et [hiéroglyphes], Nephthys. Isis est appelée [hiéroglyphes]
[hiéroglyphes], *Isis de Coptos*[2]. Elle est assimilée à Hathor-Neχeb, et agrandit le défunt dans le lieu où elle est née, dans sa chambre d'accouchement : [hiéroglyphes][3]. Le
titre de [hiéroglyphes], *grande déesse*, sert ici à désigner Isis ; ailleurs
elle est appelée [hiéroglyphes], *la sainte*[4].

La déesse à laquelle Isis est associée le plus souvent dans
le *Rituel de l'embaumement* est sa sœur Nephthys. Toutes deux
sont sœurs de [hiéroglyphes], *le dieu Lune*, c'est-à-dire d'Osiris-Lune ou de
Khem-Lune. Leur image, tracée en couleurs fraîches dé-
layées de parfum et d'eau de rose, était un amulette puissant
qu'on mettait dans la main du défunt avec l'image de Khem-
Aah et de Râ[5]. Les deux déesses, ainsi placées dans le cercueil, veillaient sur le corps de la même manière qu'elles
avaient veillé pour leur frère Osiris. Elles pleuraient sur lui
dans Mendès et dans Abydos, et son cœur se réjouissait[6]. Isis,
sous la forme de [hiéroglyphes], *Sothis*, était avec lui au ciel, et ne
s'écartait plus de lui à jamais[7].

Toutes deux, et surtout Isis, sont alliées étroitement à [hiéroglyphes],
H'api, le Nil, une des formes d'Osiris. Il fallait tracer sur l'en-

---

[1] Pap. n° 3, p. iv, l. 1. Voir p. 24.

[2] *Id.* p. vii, l. 14. Voir p. 34.

[3] *Id.* p. vi, l. 14, 15. Voir p. 31.

[4] Voir à [hiéroglyphes].

[5] Pap. n° 3, p. vii, l. 13-15, 18, 19.
p. 34.

[6] *Id.* p. ix, l. 5-7. Voir p. 40, 41.

[7] *Id.* p. ix, l. 4-7. Voir p. 40, 41.

veloppe extérieure de la main gauche une figure de *H'âpi* et une figure d'Isis dessinées avec des couleurs pures sur une étoffe pliée en six; en plaçant cet amulette dans la main du mort, on était sûr que les deux divinités ne le quitteraient plus [1]. Isis ainsi *empoignée* par le défunt était identifiée avec Neith : [hiéroglyphes], la Neith qui est dans les mains du mort [2]. Les deux déesses Isis-Neith et Nephthys étaient censées préparer le linceul : Isis, [hiéroglyphes], roulait, et Nepthys, [hiéroglyphes], lissait le fil qui servait à faire les bandelettes [3], et une divinité dont le nom est malheureusement à moitié détruit tissait l'étoffe. Le défunt ainsi vêtu avait droit à la protection des déesses : il criait vers Isis du fond de sa tombe, et Osiris, entendant sa voix, envoyait Anubis à son secours [4]. Il recevait la sueur d'Horus et la liqueur [hiéroglyphes] d'Isis, qui le préservaient de la décomposition [5].

[hiéroglyphes] Uazit et [hiéroglyphes] Neχeb. [hiéroglyphes] est appelée *dame de* [hiéroglyphes] *Pā et de* [hiéroglyphes] *Ammt,* c'est-à-dire *dame de Bouto dans le Delta.* Elle est associée alors à Horus du Delta, [hiéroglyphes], *Horus dans les joncs* [6]. Elle est la fille de Râ, l'œil de Râ dans les champs [7], l'Uræus vivante qui couronne le front du dieu. Remarquez l'emploi simultané du singulier et du pluriel pour désigner le même personnage divin :

[hiéroglyphes]

[hiéroglyphes]

---

[1] Pap. n° 3, p. vii, l. 12-15. Voir p. 34.
[2] *Id.* p. vii, l. 23. Voir p. 35.
[3] *Id.* p. viii, l. 1. Voir p. 35, note 1.
[4] *Id.* p. ii, l. 11. Voir p. 19.

[5] Pap. n° 3, p. viii, l. 2. Voir p. 35.
[6] *Id.* p. vi, l. 5 ; p. viii, l. 9. Voir p. 30 et p. 35, 36.
[7] *Id.* p. vi, l. 5. Voir p. 30.

ELLE vient à toi, la déesse Uāzit, sous forme d'Uræus vivante pour oindre ta tête de LEURS flammes. ELLE apparaît sur ta tête à gauche, ELLE se lève sur ton front à droite sans bruit; ELLES se lèvent sur ta tête en toute heure comme ELLES font à SON père Râ, et l'effroi que tu inspires s'agrandit grâce à ELLES parmi les mânes vénérables, l'épouvante que tu répands se produit parmi les âmes sages, [parce que] ta tête reçoit LEUR apparition et que ton front devient le lieu où ELLES s'établissent sur ta tête, comme le Soleil, sans s'écarter de toi à jamais.

est ici un nom commun qu'on donne aux deux Uræus divines et royales, ou plutôt c'est une déesse en deux personnes : l'Uræus du Midi et l'Uræus du Nord, les deux Uræus attachées au diadème des monarques éthiopiens. Il y avait donc en fait deux Uāzït, , l'Uāzït du Midi et l'Uāzït du Nord.

L'Uāzït du Midi est plus connue sous le nom de , *Neχeb*, dame de la ville de , *Neχeb*, l'*Eilithyïa* des Grecs[2]. Comme sa sœur , Uāzït, , Neχeb, est une Uræus vivante, qui se manifeste sur la tête du défunt pour détruire ses ennemis par ses flammes. Comme sa sœur , elle est

---

[1] Pap. n° 3, p. v, l. 5-8. Voir p. 27, 28. — [2] *Id.* p. vii, l. 23. Voir p. 34, 35.

la sœur et l'œil de Râ[1]. Un des titres les plus ordinaires de l'Hathor de Dendérah est de même, ⸺. Aussi bien Neχeb, dame du Midi, et Hathor ne font-elles qu'un : ⸺[2]. Quand l'œil de Râ vient vers le défunt, c'est sous la figure, c'est sous la forme de cette Hathor-Neχeb, ⸺[3], et pour lui apporter la bandelette sacrée de son grand sanctuaire de Dendérah : ⸺[4].

Le rôle de Neχeb et celui d'Uāzït à l'égard du défunt sont entièrement identiques. Elles se dressent sur son front comme elles font sur le front de leur père Râ pour brûler et anéantir ses ennemis[5]; aussi mettait-on sur le front du défunt une bandelette de Neχeb dans la ville de Neχeb[6]. Le natron émanait de Neχeb[7]; aussi le défunt reçoit-il le natron venu de la Vallée funéraire, purification venue de la ville de Neχeb, et la déesse Neχeb veille sur lui dans l'Ament[8]. Uāzït de Bouto, accompagnée d'Horus dans les joncs, apporte au défunt un phylactère de foin, amulette excellent d'Horus lui-même; elle accueille son bras, se met en face de sa main, protége ses doigts et lui assure de la sorte l'immortalité bienheureuse[9]. L'âme de Neχeb rajeunit l'âme du mort et change sa face en une face excellente aux deux yeux rayonnants de lumière[10].

⸺ OSIRIS. L'identification complète du défunt avec Osiris est marquée par les traits suivants. Le défunt est l'image d'Osiris[11], accomplit ses transformations et rend son nom il-

---

[1] Pap. n° 3, p. vi, l. 11-14. Voir p. 30, 31.

[2] *Id.* p. vi, l. 11. Voir p. 30.

[3] *Id.* p. vi, l. 13. Voir p. 31.

[4] *Id.* p. vi, l. 14. Voir p. 31.

[5] *Id.* p. vi, l. 12, 13. Voir p. 30.

[6] Pap. n° 3, p. iv, l. 9. Voir p. 25.

[7] *Id.* p. x, l. 16, 17. Voir p. 50.

[8] *Id.* p. vii, l. 22, 23. Voir p. 34, 35.

[9] *Id.* p. viii, l. 9-11. Voir p. 35, 36.

[10] *Id.* p. vi, l. 13. Voir p. 30.

[11] *Id.* p. ix, l. 12. Voir p. 42.

lustre dans les trente-six nomes consacrés à Osiris[1], s'unit à Osiris dans la grande salle d'assemblée [hiéroglyphes], sous l'influence de l'onction funèbre[2]. Les substances dont on enveloppait la main du défunt étaient au nombre de trente-six, à cause des trente-six dieux parmi lesquels il se manifestait au ciel et des trente-six nomes dans lesquels Osiris fait ses transformations[3]. Le défunt est vêtu de bandelettes par les dieux et les déesses de la même manière qu'Osiris l'avait été par Horus lui-même[4] : dans cette circonstance, Horus avait servi de [hiéroglyphes] et fait l'opération du [hiéroglyphe], pour son père[5]. Le défunt se met en marche pour comparaître devant Osiris[6], reçoit sa voix devant le dieu, se justifie devant lui et devant les deux Mâ[7], reçoit des provisions d'Osiris, tandis que le dieu grand lui donne des souffles[8].

Osiris intervient sous différents titres et se trouve assimilé à diverses divinités. Il est :

1° [hiéroglyphes] Osiris dans le nome coptite, dieu grand dans Coptos, est identique à [hiéroglyphes], Min ou Khem. Il vient alors au défunt, lui apporte les humeurs issues de lui-même, la résine de ses membres, la pierre divine du nome de Tes, comme il fait à [hiéroglyphes] lui-même[9]. Ailleurs la main du défunt devient parfaite par la vertu des essences d'Osiris [hiéroglyphes], de la résine venue de Coptos et du nome coptite [hiéroglyphes][10].

2° [hiéroglyphes] Osiris dans Siyout, peut-être identique à Anubis[11]. La voix du défunt retentit dans Siyout : Osiris de Siyout vient à lui, la bouche du défunt devient la bouche

---

[1] Pap. n° 3, p. vii, l. 10, 11; p. x, l. 12. Voir p. 33 et p. 49.

[2] *Id.* p. ii, l. 7, 8. Voir p. 18, 19.

[3] *Id.* p. vii, l. 10, 11. Voir p. 33.

[4] *Id.* p. x, l. 10. Voir p. 48.

[5] *Id.* p v, l. 20, 21. Voir p. 29.

[6] Pap. n° 3, p. x, l. 15. Voir p. 49.

[7] *Id.* p. viii, l. 3. Voir p. 35.

[8] *Id.* p. ii, l. 1. Voir p. 18.

[9] *Id.* p. vi, l. 8-10. Voir p. 30.

[10] *Id.* p. vii, l. 22. Voir p. 34.

[11] Voir à [hiéroglyphes], p. 78, 79.

d'Ap-heru dans la montagne d'Occident, et Osiris parle à son fils Horus [1].

3° [hieroglyphs] Osiris-Sokaris, résidant dans le nome memphite à [hieroglyphs], la ville du mur blanc [2], et à [hieroglyphs], Anχtā-uï, auprès des portes sacrées [hieroglyphs]. Dans ce rôle, on dit qu'il est [hieroglyphs] dans le coffre de passage, c'est-à-dire dans sa châsse funèbre. C'est une allusion aux peintures où Ptah-Sokar-Osiris est représenté sous forme de momie debout au fond d'un naos. Le défunt opère sa transformation en épervier d'or aux portes vénérables d'Anχtā-uï auprès d'Osiris dans le *coffre de passage*; il mange et boit dans le Mur blanc auprès d'Osiris-Sokaris dans la fête de Sokaris dans le *coffre de passage* [3].

4° [hieroglyphs] Osiris dans la ville du chef, c'est-à-dire Osiris dans le lieu où il ressuscite, est mis en rapport avec la déesse [hieroglyphs]. Cette déesse fait que le nom du défunt soit vu dans le Duàû, comme Osiris dans la demeure du chef [4]. Je ne sais s'il faut identifier cet Osiris avec [hieroglyphs], Osiris dieu grand dans la grande demeure [5], [hieroglyphs] [6], Osiris dans la grande résidence, Osiris au tombeau.

5° [hieroglyphs] Xent-Ament et [hieroglyphs] le dieu grand, seigneur d'Ament. — Le défunt plaide sa cause au prétoire de Seb, par-devant le dieu grand seigneur d'Ament [7]; il reçoit le sommet du crâne (?) de Xent-Ament dans Mendès et dans Abydos [8], le liquide de Xent-Ament, qui n'est autre que la résine de Coptos [9]. Hor-supti lui donne de voyager heureusement sur la terre d'Occident comme Xent-Ament [10].

---

[1] Pap. n° 3, p. iv, l. 22; p. v, l. 1. Voir p. 26, 27.
[2] *Id.* p. v, l. 15. Voir p. 28.
[3] *Id.* p. iii, l. 20. Voir p. 23, note 3.
[4] *Id.* p. v, l. 13. Voir p. 28.
[5] *Id.* p. ix, l. 13. Voir p. 42.
[6] Pap. n° 3, p. v, l. 4, 5. Voir p. 27.
[7] *Id.* p. iv, l. 19, 20. Voir p. 26.
[8] *Id.* p. v, l. 1. Voir p. 27.
[9] *Id.* p. iii, l. 6. Voir p. 21.
[10] *Id.* p. x, l. 8. Voir p. 48.

6° [hiéroglyphes] le dieu grand, le dieu par excellence. — Le défunt reçoit les fleurs anχ-amû issues d'Osiris, la résine issue du dieu grand, la gomme émanée d'(Unnower) véridique [1]; il entend la parole du dieu grand, et Thot lui fait une résidence dans la demeure du chef [2]; il cueille la plante [hiéroglyphes] du dieu plus grand que lui [hiéroglyphes] dans Abydos, et ses membres sont mis en fête par la liqueur émanée de ce dieu [3], et la plante [hiéroglyphes] du dieu grand pénètre dans ses membres [4]. Le souffle du dieu grand perfectionnait les membres du défunt [5].

7° [hiéroglyphes] le seigneur des seigneurs, [hiéroglyphes] le grand des provisions. — « Il vient à toi, le seigneur des seigneurs, le « chef des craintes pour t'apporter la résine de Pount, et les « grains de myrrhe venus en profusion du Ta-nuter [6]. »

8° L'âme d'Osiris se pose sur l'arbre [hiéroglyphes] As'ta de Râ [7], l'âme du dieu grand est odorante [hiéroglyphes] [8].

9° [hiéroglyphes] le tombeau d'Osiris dans Abydos. — « Tu pé- « nètres sur tes jambes dans l'*Áreq-h'eh'u*, et tu vois Osiris dans « la grande résidence [9]. — On te fait des cérémonies à l'*Áreq- « h'eh'u* [10]. » Le tombeau d'Osiris dans Mendès paraît être men- tionné au passage suivant : [hiéroglyphes], « il « vient à toi, le gardien du tombeau dans Mendès [11]. » Ailleurs le tombeau d'Osiris paraît être appelé simplement [hiéroglyphes], la demeure d'Osiris ou la grande demeure, la résidence d'Osiris. Les doigts du défunt, une fois dorés, rayonnaient dans la de- meure d'Osiris [12].

Un passage du papyrus n° 3 rappelle en quelques lignes

[1] Pap. n° 3, p. x, l. 17. Voir p. 50.
[2] *Id.* p. v, l. 11. Voir p. 28.
Id. p. viii, l. 5, 6. Voir p. 35.
[4] *Id.* p. vi, l. 6. Voir p. 30.
[5] *Id.* p. ii, l. 1. Voir p. 18.
[6] *Id.* p. vi, p. 15, 16. Voir p. 31.

[7] Pap. n° 3, p. x, l. 7. Voir p. 47.
[8] *Id.* p. ii, l. 3. Voir p. 18.
[9] *Id.* p. v, l. 4, 5. Voir p. 27.
[10] *Id.* p. viii, l. 6. Voir p. 35.
[11] *Id.* p. ii, l. 8, 9. Voir p. 18.
[12] *Id.* p. iii, l. 18. Voir p. 23.

les principales résidences d'Osiris en Égypte et résume assez
bien le rôle qu'il jouait à l'égard du défunt : « Ô adorateur dans
« H'â-benben, les cris de ta bouche ont retenti dans Siyout :
« il vient à toi, l'Osiris de Siyout, ta bouche est la bouche d'Ap-
« h'eru dans la Montagne d'Occident, et Osiris crie vers son
« fils Horus. L'huile te donne ton œil dans Mendès et dans
« Abydos, ainsi que la tête (?) de Xent-Ament, et Osiris vient
« à toi dans Mendès, il écoute tes paroles dans Abydos, il te
« donne une place excellente de purification, un lieu excellent
« d'ablutions dans Mendès, une sépulture excellente dans
« Abydos; elle t'accorde qu'on visite ta syringe, qu'on pare ta
« stèle funéraire dans le Rostâ de Niwu-Ur [1]. »

Plusieurs des substances qui servaient à l'embaumement
passaient pour provenir d'Osiris. Tels étaient le cèdre et son
essence [hiéroglyphes] [2], la plante [hiéroglyphes] et la gomme [3], la
plante [hiéroglyphes] [4], la plante [hiéroglyphes] [5], la résine [6]. Les membres divins [hiéroglyphes] sont les membres vrais d'Osiris [hiéroglyphes] [7].
La sueur issue de ces membres et ces membres eux-mêmes
pénétraient le corps du défunt [8], et, s'identifiant à lui, l'identi-
fiaient à Osiris.

La palme [hiéroglyphes] était consacrée au dieu, ou plutôt était le
dieu lui-même [hiéroglyphes] [9]. On voit, en effet, sur la
tête d'une des formes d'Osiris, Osiris-Sep, deux pousses de
palmier, [hiéroglyphe], qui expliquent le passage de notre papyrus. Le rôle
et la nature du dieu [hiéroglyphes], Sep, n'ont pas été bien définis jusqu'à présent. Je pense qu'il faut rapprocher ce nom divin du

---

[1] Pap. n° 3, p. iv, l. 22; p. v, l. 2. Voir p. 27.

[2] Id. p. ii, l. 10. Voir p. 19.

[3] Id. p. x, l. 17. Voir p. 50.

[4] Id. p. vi, l. 6. Voir p. 30.

[5] Id. p. viii, l. 5, 6. Voir p. 35.

[5] Pap. n° 3, p. x, l. 17. Voir p. 50.

[7] Id. p. iii, l. 17. Voir p. 23.

[8] Id. p. ii, l. 16 et p. iii, l. 17. Voir p. 20 et p. 23.

[9] Id. p. vii, l. 12. Voir p. 34.

mot ⟦hiéroglyphe⟧, *débris, reste, fragment*, et voir dans Osiris-Sep l'Osiris en lambeaux, l'Osiris démembré par Set et reconstitué plus tard par Isis. Le déterminatif sous sa forme ⟦signe⟧ s'applique en effet aux parties démembrées du corps; sous d'autres formes qui représentent un rameau, il ferait allusion à l'Osiris végétant des amulettes, c'est-à-dire à l'Osiris renaissant après sa mort violente. Le dieu Sep est imploré par le défunt dans H'ebït[1]; la liqueur issue de la palme, c'est-à-dire d'Osiris pénétrait les membres du défunt[2]. Je ferai remarquer en passant que le dieu Sep se trouve mentionné dans un passage du papyrus magique Harris, où M. Chabas ne paraît pas l'avoir reconnu : ⟦hiéroglyphes⟧ [3] *Ô ce dieu Sep, ce dieu-débris, qui fait son propre corps.*

⟦hiéroglyphes⟧ Mât. Elle est donnée au défunt dans H'ebït par la vertu de l'huile d'embaumement[4]; le défunt justifie sa parole par-devant les deux Mâ[5].

⟦hiéroglyphes⟧ Min ou Khem. Identifié avec le dieu Lune, ainsi que nous l'avons vu plus haut[6]. Il est qualifié : ⟦hiéroglyphes⟧ et ⟦hiéroglyphes⟧ ⟦hiéroglyphes⟧. Son image tracée sur un linge servait d'amulette : « Mettre « une enveloppe sur laquelle sont dessinées une image de « Râ tracée avec de la couleur grasse et une figure de Khem « en argile délayée dans du miel, dessinée sur cette étoffe « pliée en douze[7]. » La main droite du défunt devait être enveloppée avec les bandelettes « d'Hor-men-ûï, seigneur de « S'edennû, de Khem-Aah dans Mapu, de Supti-Hor, sei-

---

[1] Pap. n° 3, p. iv, l. 4,5. Voir p. 24.
[2] Id. p. viii, l. 14. Voir p. 36.
[3] *Papyrus magique Harris*, p. iii, l. 3.
[4] Pap. n° 3, p. iv, l. 22. Voir p. 26, 27.
[5] Pap. n° 3, p. viii, l. 3. Voir p. 35.
[6] Voir p. 73, à ⟦signes⟧.
[7] Pap. n° 3, p. viii. l. 18, 19. Voir p. 33.

« gneur d'Orient, qui sont les dieux au bras puissant parmi
« les dieux [1]. »

Dans un autre passage, il est associé aux dieux de Coptos
pour anéantir les adversaires du défunt [2]. Osiris, dans le nome
coptite, dieu grand dans Coptos, habitant Hât-nub (la ville
d'or), [hieroglyphs], apporte au dé-
funt la pierre divine qui est dans le nome de *Tes,* comme il
fait à Xem lui-même [3]. Je ne sais pas quelle est cette pierre
qu'Osiris de Coptos apporte à Xem et au défunt.

[hieroglyphs] Neχeb. Voir à [hieroglyphs].

[hieroglyphs] Nû (Le). Appelé [hieroglyphs], *Nû,*
le grand (ou le vieux), père des dieux. Le défunt se plonge en
lui [4]. La bandelette consacrée à Sebek, dieu de S'ed, revêt
les membres du défunt, de même que le Nû [5]; la bandelette de la maison de Sebek le guide quand il voyage sur
le Nû [6].

[hieroglyphs] Nebt-h'otept vient au défunt dans l'Ament,
prend ses bras, affermit ses jambes, le fait craindre par ses
enchantements dans H'ebït, l'exalte dans [hieroglyphs], Pa nebt-
h'otept, perpétue son nom dans le ciel inférieur, comme celui
d'Osiris dans la *demeure du chef* [7]. La bandelette de Nebt-h'otept
devait être placée sur la nuque du défunt [8].

[hieroglyphs] Neith. Elle est identifiée avec Isis. Il est dit, en effet,

[1] Pap. n° 3, p. viii, l. 21, 22. Voir
p. 38.

[2] *Id.* p. vi, l. 10. Voir p. 30.

[3] *Id.* p. vi, l. 9. Voir p. 30.

[4] *Id.* p. vii, l. 21. Voir p. 34.

[5] Pap. n° 3, p. ii, l. 23. Voir p. 21.

[6] *Id.* p. iii, l. 12. Voir p. 22.

[7] *Id.* p. v, l. 12, 13. Voir p. 28.

[8] *Id.* p. iv, l. 10; p. v, l. 12. Voir
p. 25 et p. 28.

qu'on doit mettre dans la main du défunt, en guise d'amulette, un linge sur lequel sont tracées la figure d'Hâpi et celle d'Isis [1]. Or, dans la suite du texte, on trouve la phrase suivante : 〔hiéroglyphes〕, *Elle te perfectionne la Neith que tu as dans la main* [2]. La *Neith* que le défunt a dans sa main est l'*Isis* qui est peinte sur la bandelette. En sa qualité d'Isis, Neith faisait pour le mort les cérémonies magiques qu'elle avait accomplies pour Osiris, 〔hiéroglyphes〕, *Neith a veillé pour toi dans Tesût* [3].

En tant que déesse cosmique, Neith représentait la matière inerte et ténébreuse d'où le soleil sortait chaque matin. Les portes de l'horizon oriental s'appelaient 〔hiéroglyphes〕, les portes excellentes de Neith. Il est dit au défunt : « Râ se lève « pour toi aux portails de l'horizon, aux portes excellentes de « Neith, » 〔hiéroglyphes〕 [4].

〔hiéroglyphes〕 Nût. Le défunt est « comme Sah'û (Orion) au sein « de Nût, » le ciel [5]. Son âme vit « comme Sah'û au sein de « Nût [6]. »

〔hiéroglyphes〕 Ptah. Il est nommé 〔hiéroglyphes〕, Ptah dans le *coffre de passage.* C'est probablement Ptah-Sokaris ou Ptah-Sokar-Osiris, qui, sous le nom de Sokar-Osiris, est aussi dit 〔hiéroglyphes〕. Il est associé à Ammon-Râ, roi des dieux dans Thèbes [7], et se trouve nommé ailleurs, dans le titre si connu de Seχet, l'*aimée de Ptah'* [8].

La maison de Ptah' et les chefs divins qui s'y trouvaient, 〔hiéroglyphes〕, sont nommés dans notre papyrus [9]. Le dé-

---

[1] Pap. n° 3, p. vii, l. 14, 15. Voir p. 34.
[2] *Id.* p. vii, l. 23. Voir p. 35.
[3] *Id.* p. iv, l. 6. Voir p. 24.
[4] *Id.* p. ii, l. 12. Voir p. 19.
[5] Pap. n° 3, p. ix, l. 7, 8. Voir p. 41.
[6] *Id.* p. viii, l. 3. Voir p. 35.
[7] *Id.* p. v, l. 13. Voir p. 28.
[8] *Id.* p. vi, l. 2. Voir p. 29, 30.
[9] *Id.* p. vii, l. 6. Voir p. 32.

funt devait plaider sa cause devant eux comme devant les
chefs de la maison de Râ[1]; et Seχet célébrait des cérémonies
à l'avantage du défunt dans ⌷⌷⌷[2].

°⌷ Râ. Sous l'influence de l'onction funéraire, le défunt
s'unit au grand disque solaire[3], et se manifeste en qualité de
Râ[4] : il reçoit alors du dieu ⌷ Khem la permission de se
lever sous forme de Râ à l'orient du ciel[5]. Il est comme le soleil, se levant et se couchant sans s'arrêter à jamais[6], son œil
voit de même que Râ au ciel[7] quand l'huile épaisse vient à lui;
Râ lui fait un trou à la narine, et son nez est perfectionné par
l'huile divine, de manière à suffire à la respiration de Râ lui-
même[8]. Râ se lève pour le défunt au portail de l'horizon, à
la porte excellente de Neith[9]; il brille pour lui dans le naos de
sa barque, répand pour lui sa clarté[10], lui donne l'or émané
d'Osiris[11]. Les pleurs du défunt identifié à Osiris sont com-
parés aux rayons de lumière du soleil qui se lève sur toute
terre[12]. Les Uræus divines se dressent sur la tête du défunt
comme elles font sur celle de Râ, sans plus s'écarter de lui à
jamais[13].

Diverses substances étaient censées provenir de Râ : les liquides ⌷⌷⌷ qui entrent dans le corps du défunt[14], les fleurs ⌷
⌷⌷[15], le parfum ⌷⌷⌷[16], de la graisse ou des couleurs grasses
⌷⌷⌷[17]. Les couleurs naturelles du défunt lui sont rendues par

---

[1] Pap. n° 3, p. vii, l. 6. Voir p. 32.
[2] Id. p. vi, l. 4. Voir p. 30.
[3] Id. p. ii, l. 7. Voir p. 19.
[4] Id p. ii, l. 8. Voir p. 19.
[5] Id. p. x, l. 4, 5. Voir p. 47.
[6] Id. p. iii, l. 13. Voir p. 22.
[7] Id. p. iv, l. 20, 21. Voir p. 26.
[8] Id. p. vi, l. 21, 22. Voir p. 31, 32.
[9] Id. p. ii, l. 12. Voir p. 19.

[10] Pap. n° 3, p. x, l. 9. Voir p. 48.
[11] Id. p. viii, l. 2. Voir p. 35.
[12] Id. p. ix, l. 6, 7. Voir p. 40, 41.
[13] Id. p. v, l. 6, 7. Voir p. 28.
[14] Id. p. ii, l. 3. Voir p. 18.
[15] Id. p. vi, l. 6. Voir p. 30.
[16] Id. p. x, l. 16. Voir p. 50.
[17] Id. p. ix, l. 8, 9. Voir p. 41.

l'influence des couleurs pures employées à la fabrication des amulettes, et qui sont la liqueur ⸺ de Râ éternellement[1]; les ⸺ issues de Râ viennent au défunt pour perfectionner..... et pénètrent en lui[2], de même que ses charmes ⸺ sous l'influence de l'huile[3]. L'arbre sacré ⸺, sur lequel se pose l'âme d'Osiris[4], est à côté de Râ dans l'horizon éternel[5]. Pour mettre à l'abri de la destruction la main gauche du défunt, on y plaçait un amulette consistant en une image de Râ et en une image de ⸺, Khem. L'image de Râ était tracée en couleurs grasses; celle de Khem, en argile délayée dans du miel, avec une légende en couleur noire : « J'ai empoigné la lumière « du jour; j'ai saisi la lune. » Ici la lumière du jour est figurée par l'image de Râ, et la lune par l'image de ⸺, Khem[6].

La maison de Râ, ⸺, fournissait des bandelettes[7], et le défunt devait comparaître devant les chefs divins qu'elle renfermait comme devant les chefs de ⸺, la demeure de Ptah[8]. L'huile sacrée, la déesse huile, faisait fleurir la place du défunt dans ⸺[9]. Les *enfants de Râ,* les ⸺, sont nommés en deux endroits du papyrus[10].

Râ est identifié implicitement avec Harmakhis dans Hebit ⸺[11]; le phénix était une de ses formes, ⸺, que le défunt revêtait par la vertu de l'embaumement[12].

⸺ Seb. L'huile d'embaumement rend au défunt son nez pour respirer, comme Seb, l'odeur excellente aux na-

---

[1] Pap. n° 3, p. viii, l. 14, 15. Voir p. 36.

[2] *Id.* p. ii, l. 2; p. iii, l. 17. Voir p. 18 et p. 23.

[3] *Id.* p. ii, l. 13, 14. Voir p. 19.

[4] *Id.* p. x, l. 7. Voir p. 47.

[5] *Id.* p. x, l. 1. Voir p. 46.

[6] *Id.* p. viii, l. 19, 20. Voir p. 38.

[7] Pap. n° 3, p. v, l. 5. Voir p. 27.

[8] *Id.* p vii, l. 6. Voir p. 32.

[9] *Id.* p. vii, l. 17. Voir p. 34.

[10] *Id.* p. ix, l. 23 et p. x, l. 1. Voir p. 46.

[11] Cf. le passage p. iv, l. 9, avec le passage p. v, l. 5. Voir p. 25 et 27.

[12] Pap. n° 3, p. x, l. 19. Voir p. 51.

rines[1]; les substances préservatrices, résine de Phénicie, poix de Byblos, etc., sanctifient les pas du défunt dans la salle de Seb[2], où il plaide sa cause par-devant le grand seigneur d'Ament[3]. Le mort reçoit la sueur de Seb[4]. Dans la huitième heure de la nuit le Pharaon est identifié avec Seb, qui présidait à cette heure[5]. Seb avait pour cette occasion le diadème blanc[6].

SEBEK. L'huile d'embaumement, vêtement sorti de l'œil d'Horus, liqueur excellente de Sebek, vient au défunt ainsi que la bandelette sacrée de et la bandelette de , Sebek S'edti, Sebek de Crocodilopolis[7]. Le défunt, embaumé selon les rites, ne va pas dans la demeure de Sebek[8].

SOKAR. Voir à Osiris. Le défunt entend les écrits de la demeure des livres, le discours excellent de [9]. — Les habitants d'Abydos viennent au défunt dans la panégyrie de Sokar[10].

SEP. Voir à Osiris.

SUPTI-HOR. Voir à Hor.

SOTHIS. Isis, pleurant le défunt, vient à lui sous forme de Sothis au ciel , et ne le quitte plus jamais[11].

SESÛNNÛ (Les). Le défunt voit Ammon dans toutes ses fêtes, et son âme se joint aux Sesûnnû[12].

---

[1] Pap. n° 3, p. iv, l. 21, 22. Voir p. 26.

[2] Id. p. iii, l. 1, 2. Voir p. 21.

[3] Id. p. iv, l. 19, 20. Voir p. 26.

[4] Id. p. ii, l. 21. Voir p. 20.

[5] Pap. n° 7, p. ii, l. 6. Voir p. 61.

[6] Id. p. iii, l. 16. Voir p. 68.

[7] Pap. n° 3, p. ii, l. 19, 23; p. iii, l. 12. Voir p. 20, 21, 22.

[8] Id. p. iv, l. 1. Voir p. 24.

[9] Id. p. viii, l. 7. Voir p. 35.

[10] Id. p. vi, l. 17. Voir p. 31.

[11] Id. p. ix, l. 8. Voir p. 41.

[12] Id. p. iii, l. 21, 22. Voir p. 23.

Les 𓂝𓏏𓏥 ne sont jamais mentionnés isolément. Dans tous les textes où ils apparaissent, on voit .à côté d'eux un dieu plus puissant, auquel ils rendent hommage, ou qu'ils aident dans l'accomplissement de ses devoirs divins. Pour n'en citer qu'un exemple, au *Papyrus magique Harris*, un chapitre est intitulé :

Adoration à Ammon-Râ-Harmaχis, qui devient lui-même — et possède la terre depuis qu'il a commencé, — par les Sesûnnû de la première neuvaine de dieux, — lorsqu'ils invoquent la sainteté de ce dieu vénérable, — Ammon *Pauti-tā-uï*, — à son lever au *Nû* de *Nût* (l'océan du ciel).

Cette adoration était : ……² , «prononcée par les Sesûnnû de «la première neuvaine de dieux, — les chefs qui implorent «le dieu qui est parmi eux» et ce dieu est Ammon³. Le mot 𓂝𓏏𓏥, traduit exactement, signifie les *huit dieux*. Ici ces huit dieux appartiennent à une 𓊹𓏇𓏇𓏇𓏇 neuvaine de dieux

---

¹ *Papyrus magique Harris*, p. iii, l. 9 — p. iv, l. 1.

² *Id.* p. iv, l. 8, 9.

³ *Papyrus magique Harris*, p. iii, l. 9 — p. iv, l. 1 ; p. vi, l. 8 sqq.

complétée par Ammon *Pautï-tāuï,* le dieu qui est parmi eux : ils sont les huit dieux complémentaires de la *neuvaine* dont Ammon *Pautï-tāuï* était le chef. Généralisant cette observation d'après le témoignage des monuments, on peut conclure que toute ⚇ neuvaine divine se composait : 1° d'un dieu principal, seul nommé à part et donné comme créateur; 2° des ⚇ ou huit dieux complémentaires, qui rendaient hommage au premier, et l'aidaient à l'accomplissement de ses fonctions divines. Il ne faudrait pas, d'ailleurs, prendre au pied de la lettre les nombres *neuf* et *huit* que semblent indiquer ⚇ et ⚇. Le ⚇ se composait d'autant de dieux qu'on voulait lui en faire contenir. Il y a des ⚇ de treize, quinze dieux et plus; de même il y a des ⚇ de plus de huit dieux. Pour entendre ces expressions, il·faut se rappeler que le dieu unique de l'Égypte, divisé en triades et en neuvaines, restait toujours unique et pouvait multiplier ses formes à l'infini sans rien perdre de son unité. Il n'est pas plus étrange de supposer une *neuvaine* ⚇ en vingt personnes, qu'un dieu unique en trois ou en neuf. Si les ⚇ sont le ⚇ *moins un,* il en résulte qu'il peuvent se composer d'autant de personnes moins une, que le ⚇ lui-même, de *douze* si le ⚇ est de *treize,* et ainsi de suite. Les noms ⚇ *neuvaine* et ⚇ *huitaine* se rattachent à la subdivision, par multiples de trois, du dieu unique; l'idée qu'ils rendent se rattache à la subdivision infinie et par nombres irréguliers que la métaphysique égyptienne faisait subir à la divinité.

Revenant au passage de notre papyrus qui a donné lieu à cette discussion, voici, je crois, de quelle manière il faut l'expliquer. Lorsque Ammon apparaît dans ses fêtes, les huit dieux complémentaires de son cycle ou de sa neuvaine l'adorent à l'envi; lorsque le défunt divinisé voit Ammon dans toutes ses fêtes, son âme s'unit aux huit dieux complémentaires pour adorer avec eux le dieu principal.

Saïu, Osiris-Orion [1]. Voir à [hieroglyphs].

Seχet. Nommée [hieroglyphs], la grande amie de Ptah. La bandelette qu'on plaçait sur la tête du défunt lui était consacrée [2]. Cette bandelette, qu'on disait être « une bandelette sa- « crée de la dame Uræus, » défendait le mort contre ses enne- mis. La déesse, qui y résidait, lançait de là sa flamme et consumait le corps de ses adversaires. Elle brûlait le cœur des impies et protégeait la marche de l'âme contre toute attaque [3].

Set. Le défunt a un bon linceul fait du cuir de Set, et reçoit les couleurs émanées de Set [4].

S'û. Le défunt reçoit la liqueur mystérieuse émanée de S'û [5]; son gosier est rempli des humeurs de S'û [6]; l'huile lui donne ses deux oreilles pour entendre ce qui lui plaît, comme S'û entend ce qui lui plaît dans H'ebït [7].

La Sacrée, la Favorite. Épithète de la plupart des formes féminines de la divinité égyptienne. Dans notre papyrus, elle s'applique à deux surtout de ces formes, Hathor et Isis.

C'est Hathor qui est nommée [hieroglyphs], la très-sacrée ou la grande favorite, dame d'Occident, régente

---

[1] Pap. n° 3, p. ix, l. 8. Voir p. 41.

[2] Id. p. iv, l. 11, 12. Voir p. 25.

[3] Id. p. vi, l. 1-4. Voir p. 29, 30.

[4] Id. p. ix, l. 4. 10. Voir p. 40, 42 et p. 9, note.

[5] Pap. n° 3, p. ii, l. 21. Voir p. 20.

[6] Id. p. vi, l. 22. Voir p. 31.

[7] Id. p. iv, l. 21. Voir p. 26.

d'Orient. On la prie d'entrer dans les oreilles du défunt, de respirer dans sa tête, lorsqu'il se trouvera dans le Duàû. Elle lui accordera de voir de ses yeux, d'entendre de ses oreilles, de respirer de son nez, de parler de sa bouche, d'articuler de sa langue dans le Duàû; et alors la voix du défunt sera accueillie dans la salle de vérité et de justice, et il se justifiera dans la salle de Seb, par-devant le dieu grand seigneur d'Occident [1].

Isis est nommée simplement [hieroglyphs]. Le Nû apporte au défunt une bandelette de Pā-Hapi, une pièce d'étoffe de Pā-Shepsït; sur quoi le défunt saisit Hapi, empoigne Isis [2]. En effet, le manuscrit recommande de mettre dans la main de la momie deux pièces d'étoffes, sur lesquelles sont tracées les images d'Hapi et d'Isis [3].

[hieroglyphs] Tawnet. La graisse émanée de Râ, le miel émané de son œil, l'argile excellente [hieroglyphs], émanée de Tawnet, viennent au défunt pour perfectionner ses membres [4].

[hieroglyphs] Thot. Le nom de ce dieu est écrit partout au moyen d'un sigle analogue au sigle démotique du même mot, et qui paraît avoir la même origine. Le dieu est mentionné surtout sous sa forme de [hieroglyphs], Thot, qui juge entre les deux adversaires, Horus et Typhon. Il est appelé [hieroglyphs], celui qui réunit, celui qui pacifie les dieux, probablement par allusion à son rôle de juge entre Horus et Typhon. Son titre complet dans notre papyrus est : [hieroglyphs] [5], Thot, qui juge entre les deux

----

[1] Pap. n° 3, p. iv, l. 16-20. Voir p. 26.

[2] Id. p. vii, l. 21, 22. Voir p. 34.

[3] Pap. n° 3, p. vii. l. 14. Voir p. 34. Id. p. ix, l. 9. Voir p. 41.

[5] Id. p. v, l. 17. Voir p. 29.

adversaires, le pacificateur des dieux dans Unnû, le dieu grand dans Abti.

Thot récite au défunt le *Livre des souffles,* les discours de la demeure des livres, qui sont excellents pour l'Ament. Aussi le défunt entend-il la parole du dieu grand; une place lui est faite dans la demeure du chef, et Ap-reh'eh'uï lui rend la respiration par ses prières magiques [1]. Tandis qu'Anubis et Horus perfectionnent le maillot funèbre, Thot assainit les membres du mort par les enchantements de sa bouche [2], donne au défunt la bandelette de ⟦hiéroglyphes⟧, le lin excellent de Hah'esmen; récite sur lui les livres consacrés, lui détaille les chapitres; lui accorde de sortir pendant le jour ⟦hiéroglyphes⟧, de respirer pendant la nuit, de se manifester sur la terre à toute heure. Il veille sur le défunt dans la double demeure de vie (le sarcophage), lui donne des ornements dans la demeure des respirations (le sarcophage) à son lever dans la demeure excellente [3]. Il lui donne le sceau d'or fait avec l'or issu du dieu grand [4] et fabrique pour lui des couleurs excellentes afin d'illustrer son nom par écrit [5]. Une bandelette de Thot Apreh'eh'uï est sur les deux oreilles du défunt [6]; l'huile d'embaumement rend la bouche du défunt semblable à celle de ⟦hiéroglyphes⟧ ⟦hiéroglyphes⟧, Thot, qui pèse la justice [7].

Les habitants d'Hermopolis viennent au défunt dans la panégyrie de Thot [8].

⟦hiéroglyphes⟧ Chefs divins (Les). Le défunt se justifie par-devant les grands chefs divins qui habitent ⟦hiéroglyphes⟧, Hebit (un des

---

[1] Pap. n° 3, p. v, l. 10, 11. Voir p. 28.

[2] *Id.* p. vii, l. 5. Voir p. 32.

[3] *Id.* p. v, l. 17-19. Voir p. 29.

[4] *Id.* p. viii, l. 2, 3. Voir p. 35.

[5] Pap. n° 3, p. vi, l. 15. Voir p. 31.

[6] *Id.* p. iv, l. 10. Voir p. 25.

[7] *Id.* p. iv, l. 22. Voir p. 27.

[8] *Id.* p. vi, l. 17. Voir p. 31.

noms d'Héliopolis), par-devant les dieux grands de Pâ-Râ et les grands chefs divins de Pa-Ptah [1].

On trouve souvent de ce nom la variante ⸗, dans laquelle la présence de ⸗ n'a pas été expliquée d'une manière satisfaisante. Peut-être faut-il voir dans ⸗ un mot ayant la valeur de *serpent*, auquel cas ⸗ deviendrait un détermimatif. En copte, le dérivé exact de ⸗ serait ⳓⲱⳓ, qui n'existe plus avec le sens de *serpent*. On pourrait rattacher à l'antique ⸗ le mot ϭⲟϫⲓ, ⲉⲧϭⲟϫⲓ, ἕρπων, *repens*, par substitution du ϭ ⸗ au ϫ ⸗ : ⸗ pour ⸗, comme ⸗ pour ⸗ *serpent*, ⸗ *naviguer* et ⸗. Le sens primitif du nom des dieux ⸗ serait alors les *dieux serpents*. On sait quel rôle important les serpents jouent dans les mythes solaires, tantôt comme amis, tantôt comme ennemis du soleil.

⸗ H'API. Le dieu Nil est associé, dans notre texte, à la déesse Isis, et probablement assimilé à Osiris. On sait, en effet, que, pour certaines écoles de théologie égyptienne, et surtout à l'époque à laquelle était écrit notre papyrus, « le Nil était « Osiris, et s'unissait, pendant l'inondation, à la Terre dont le « nom est Isis [2]. » En ensevelissant la main du défunt, on devait se servir de bandelettes consacrées à ⸗, Hapi, le *chef* des dieux ou l'*aîné* des dieux, sur lesquelles étaient tracées les figures d'Hapi et d'Isis de Coptos. De la sorte, ces deux divinités ne pouvaient plus quitter le défunt [3].

Ainsi lié au mort, Hapi lui donnait l'eau de l'inondation sous toutes ses formes : 1° ⸗, l'eau sortie d'Éléphantine. D'après une tradition antique, le Nil prenait sa source entre Éléphantine et Syène, entre deux montagnes situées sur les

---

[1] Pap. n° 3, p. VII, l. 6. Voir p. 32. — [2] *De Iside et Osiride*, c. XXXIV. — [3] Pap. n° 3, p. VII, l. 13-15. Voir p. 34.

deux rives du fleuve, et nommées, au témoignage du prêtre de Saïs, qui donnait ce renseignement à Hérodote, *Môphi* et *Krô-phi*. La moitié de ses eaux coulait au midi vers l'Éthiopie, l'autre moitié au nord vers l'Égypte[1]. Je crois que le [hiéroglyphes] de notre texte renferme une allusion à cette prétendue source du Nil, et la suite des noms donnés aux eaux du fleuve semble confirmer cette opinion. Nous trouvons, en effet, 2° [hiéroglyphes], le Nil sorti des deux abîmes d'où jaillissait le fleuve; 3° [hiéroglyphes], le Nû sorti des deux montagnes Môphi et Krôphi, au pied desquelles se trouvent les [hiéroglyphes], abîmes profonds d'Hérodote; 4° [hiéroglyphes], la crue sortie de la châsse, paraît marquer le phénomène de l'inondation, et le [hiéroglyphes], la châsse du dieu, serait un nom collectif, qui désignerait l'ensemble formé à Éléphantine par les prétendues sources du Nil, [hiéroglyphes] et [hiéroglyphes]; 5° [hiéroglyphes], l'eau vive sortie de la source, rendrait, sous une forme toute physique, l'idée que le membre de phrase précédent rendait sous une forme religieuse. Le [hiéroglyphes] serait à [hiéroglyphes] ce que le dieu Nil sortant de son sanctuaire est au fleuve Nil jaillissant de sa source.

Le dieu prodiguait son eau sous toutes ces formes au défunt pour le rajeunir; il lui donnait un vêtement, une enveloppe fabriquée avec les plantes que l'inondation fait croître en abondance. Son activité unie à l'activité d'Isis assurait l'éternité au défunt : « Ton âme vit à toujours comme Sahû au sein « de Nût, et ton corps est stable à jamais comme la pierre des « deux montagnes » entre lesquelles coule le fleuve[2].

[hiéroglyphes] H'OR. Les dieux et les déesses habillent le défunt

———

[1] Hérodote, l. II, XXVIII. — [2] Pap. n° 3, p. VII, l. 18; p. VIII, l. 1. Voir p. 34 et p. 35.

comme a fait pour Osiris Horus lui-même [1]. Horus illumine
⟨hiéroglyphes⟩, les vêtements funéraires du défunt[2], dont les doigts, une
fois dorés, rayonnent dans la demeure d'Osiris, dans le sanctuaire d'Horus lui-même[3] ; grâce aux charmes d'Anubis, le
nom du défunt est grand dans les nomes d'Osiris et dans les
temples d'Horus[4]. Osiris crie à son fils Horus[5], qui accourt
pour le défendre dans son rôle de ⟨hiéroglyphes⟩, et célèbre pour le défunt les mêmes cérémonies préservatrices qu'il
avait accomplies pour Osiris[6]. — Différentes substances émanaient soit d'Horus[7], soit de son œil ; Horus lui-même était parfois
identifié avec les parfums dont on enduisait la tête des morts[8].

1° ⟨hiéroglyphes⟩ Hor-si-Isi est l'auditeur ⟨hiéroglyphes⟩ de son père. Il
ouvre la bouche du défunt au moyen de la formule qui se
trouve dans tous les écrits sur argile, au moyen desquels il a
ouvert la bouche de son père Osiris ; il le sanctifie par les
sanctifications de la flamme, et le purifie dans l'eau de jouvence.
Il apporte au défunt la bandelette de la maison royale, la pièce
d'étoffe fabriquée à Hnès, et le pare de lin dans la Vallée funéraire. Il remplit pour lui, comme pour Osiris, le rôle d'auditeur dans le Mur blanc, renouvelle son âme dans Abydos,
adore sa personne dans Hipponon, renverse ses adversaires
dans Tes-Hor, fabrique pour lui des amulettes en bois de sycomore dans Maχent, le fait entrer dans la ville du chef, implore son âme dans Nilopolis, et rajeunit son corps dans Panopolis. Il donne au défunt du foin nouveau dans Pa et Tep,
des couronnes de justification dans Abydos[9].

---

[1] Pap. n° 3, p. x, l. 10. Voir p. 47.
[2] *Id.* p. viii, l. 2. Voir p. 35
[3] *Id.* p. iii, l. 18. Voir p. 23.
[4] *Id.* p. x, l. 13. Voir p. 49.
[5] *Id.* p. v, l. 1. Voir p. 27

[6] Pap. n° 3, p. x, l. 6. Voir p. 47.
[7] *Id.* p. x, l. 16. Voir p. 50.
[8] *Id.* p. ii, l. 4. Voir p. 18.
[9] *Id.* p. v, l. 21 — p. vi, l. 1. Voir p. 29.

2° ⸢hieroglyphs⸣ Horus dans les joncs, Horus dans la basse Égypte, est associé à la déesse ⸢hieroglyphs⸣, Uāzit dans Bouto. Tous deux viennent ensemble apporter au défunt un phylactère de foin, amulette excellent d'Horus lui-même[1]. Horus donne au défunt de l'or pour ses membres, des couleurs excellentes pour les extrémités de ses membres; il améliore le teint du défunt par l'or, fortifie ses membres par le vermeil, et le défunt vit, vit à toujours, et il rajeunit, rajeunit à jamais[2].

3° ⸢hieroglyphs⸣ Horus, seigneur de vie, accomplit des cérémonies préservatrices pour le défunt[3].

4° ⸢hieroglyphs⸣ Horus, seigneur d'H'ebennû, dieu grand dans Meh't, est associé à Anubis. L'image de ces deux divinités, dessinée sur des bandelettes, et placée, celle d'Horus sur la jambe gauche, celle d'Anubis sur la jambe droite du défunt, était un amulette des plus puissants. Horus, en cet emploi, était représenté sous forme de chacal debout et passant ⸢hieroglyph⸣[4]. Il apportait au défunt la bandelette dans Meh't, l'étoffe mystérieuse dans H'ebennû, une enveloppe d'étoffes d'Edfou; lui donnait un vêtement de combat, un linceul d'attaque (?), car le défunt est comme un taureau de combat vaillant dans l'Ament, et va pour lutter en présence d'Osiris[5].

5° ⸢hieroglyphs⸣ Hor merui, seigneur de Crocodilopolis, est un des dieux vaillants parmi les dieux[6] : «Il vient à toi, «Hor meruï, seigneur de Crocodilopolis, dieu grand sur le «territoire de Pega, et tu implores le dieu grand dans Croco-«dilopolis, et tu te manifestes avec lui dans la barque Nes'em;

---

[1] Pap. n° 3, p. viii, l. 9. Voir p. 35.
[2] Id. p. viii, l. 15, 16. Voir p. 36.
[3] Id. p. x, l. 6. Voir p. 47.
[4] Pap. n° 3, p. ix, l. 15, 16. Voir p. 43.
[5] Id. p. x, l. 13-15. Voir p. 49.
[6] Id. p. viii, l. 22. Voir p. 38.

« il renverse tes adversaires, il donne sa pique pour aller sur
« le Nû, et Hor-h'ud est avec lui en qualité de prêtre Mesni,
« excellent pour culbuter tes adversaires dans le Nû [1]. »

6° '𓏤 ⸺ 𓏤 Supti-Hor. Le premier des signes hiératiques
dont se compose le nom de ce dieu est d'ordinaire, à cette
époque, le déterminatif du groupe 𓏤 ; il se pourrait cepen-
dant que, dans le nom du dieu, il eût une autre valeur phonétique. — C'est aussi l'un des dieux vaillants parmi les dieux [2].
« Il vient à toi, Supti, '𓏤, seigneur d'Orient, seigneur du mas-
« sacre dans la ville du Sycomore. Il te donne un voyage heu-
« reux dans les pays d'Orient comme à Xent-Ament, une bonne
« fête au pays d'Occident comme à celui qui est véridique [3]. »

7° ⊙𓏤 𓏤 Râ-Hor-aχûti. Parmi les bandelettes dont on
entourait la tête du défunt devait se trouver une bandelette
d'Harmakhis dans H'eb [4].

8° 𓏤 Hor-H'ud, Horus d'Edfou. Certains amulettes
devaient être tracés sur une bandelette d'Hor-h'ud, dieu grand
seigneur du ciel [5]. « Il vient à toi, Hor-h'ud, dieu grand sei-
« gneur du ciel, seigneur de Mesen, dieu grand bienfaisant dans
« Tes-hor; il te donne une bandelette dans Edfou, un voyage
« heureux vers H'ud, que tu entres dans Hud à l'horizon [6]. »
Hor-h'ud accompagnait, en qualité de prêtre *Mesni*, le dieu 𓏤
𓏤 dans la barque Nes'em, et culbutait dans le Nû les adversaires du défunt [7].

---

[1] Pap. n° 3, p. x, l. 2, 3. Voir p. 46.
[2] *Id.* p. viii, l. 22. Voir p. 38.
[3] *Id.* p. x, l. 8, 9. Voir p. 47, 48.
[4] *Id.* p. iv, l. 9. Voir p. 25.

[5] Pap. n° 3, p. viii, l. 21. Voir p. 38.
[6] *Id.* p. ix, l. 22 ; p. x, l. 1. Voir p. 45, 46.
[7] *Id.* p. x, l. 3. Voir p. 46.

9° [hiéroglyphes] Les enfants d'Horus, les quatre génies funéraires, sont associés aux [hiéroglyphes], enfants de Xent-Aat (?),
pour embaumer et ensevelir le défunt; ils se tenaient à sa
droite et à sa gauche[1]. La liqueur des enfants d'Horus pénétrait les membres du défunt et les préservait de la corruption[2].

[hiéroglyphes] Hathor. Le défunt devait avoir sur la face une
bandelette d'Hathor, dame de On[3]. « Elle vient à toi, Hathor à
« la belle face, dame de On, habitant dans . . . sat. Elle rend ta
« face parfaite parmi les dieux, elle agrandit tes deux cuisses
« parmi les déesses, elle ouvre ton œil pour que tu voies chaque
« jour, elle agrandit ta place dans l'Ament, elle fait prévaloir
« ta voix contre tes adversaires, elle déploie tes jambes dans la
« Vallée funéraire, et c'est en son nom d'Hathor, régente d'Oc-
« cident[4]. » — Sur l'identité d'Hathor et de [hiéroglyphes], voir à
[hiéroglyphes].

Là doit se borner la Notice que j'ai cru pouvoir donner
du texte contenu aux papyrus n° 3 de Boulaq et 5158 du
Louvre. J'ai essayé de relever, dans ces deux manuscrits, les
faits qui m'ont paru assez intéressants pour attirer l'attention des savants et décider peut-être quelque égyptologue,
plus au courant que moi des questions religieuses, à reprendre
l'étude du *Rituel de l'embaumement*.

29 janvier 1871.

[1] Pap. n° 3, p. viii, l. 16, 17. Voir
p. 37.
[2] *Id.* p. ii, l. 16. Voir p. 20.
[3] Pap. n° 3, p. iv, l. 10. Voir p. 25.
[4] *Id.* p. v, l. 8-10. Voir p. 28.

III.

SUR QUELQUES FRAGMENTS DE LETTRES.

De tous les musées d'Europe, celui du Louvre est peut-être le plus pauvre en papyrus littéraires et en documents d'intérêt privé. Tandis que Londres, Turin, Leyde, possèdent les trésors inappréciables des collections Sallier et Anastasi, c'est à peine s'il renferme quelques fragments de lettres, encore sont-ils loin d'être intacts. Deux de ces fragments ont été endommagés d'une manière irréparable, par le temps d'abord, puis par la maladresse de leurs premiers possesseurs. Ils étaient probablement arrivés d'Égypte en assez mauvais état, rongés de tous les côtés et tombant en miettes : un de leurs propriétaires fit couper les petits lambeaux qui adhéraient encore à la page, puis colla ce qui restait sur des morceaux de toile de momie. A son tour, la toile fut appliquée sur du carton, et le tout est conservé au Louvre sous le numéro 3230.

Dans son état actuel, le premier des fragments compte dix lignes. En haut de la colonne, une seule ligne manque, celle qui renfermait les titres et la filiation de l'écrivain. Ce fragment est de la même main que le fragment numéro 2, et porte le même nom de scribe *Ah'mès :* seulement, au numéro 1, *Ah'mès* est le nom du personnage auquel est adressée la lettre, tandis qu'au numéro 2, *Ah'mès,* fils de *Penaati,* est l'écrivain. Ces deux *Ah'mès* ne font-ils qu'un seul et même individu? Le fait est possible sans être prouvé.

Peut-être les traces que je lis ⌐⌐| ne sont-elles que les débris du nom 𓀀𓏤𓀁.

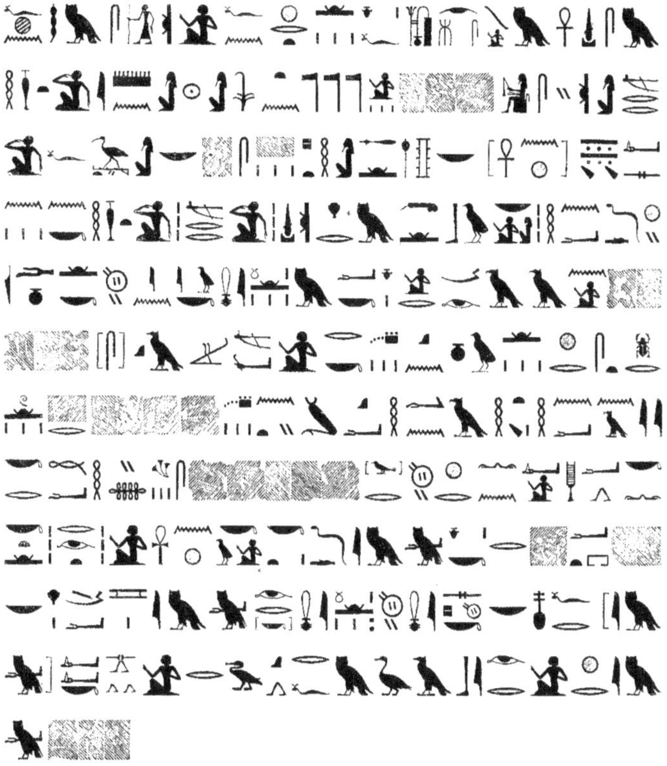

Il est difficile de tirer de ce fragment autre chose que des formules banales et quelques indications incomplètes. Après les compliments d'usage, le scribe traitait de matières agricoles pendant quelques lignes, puis semblait demander une faveur. La seconde lettre offre un ensemble plus satisfaisant :

« Le scribe Ah'mès, fils de Penaätiû, dit à son seigneur l'intendant des
« tisserandes, Taï, au sujet de l'enlèvement de l'ouvrière qui était avec moi
« et qui a été donnée à un autre. — Ne suis-je pas ton serviteur qui obéit
« à tes mandements la nuit comme le jour? Qu'on prenne [en considéra-
« tion la demande] de réunion de l'ouvrière avec moi, parce que c'est une
« jeune fille qui ne sait pas encore le métier, ou bien, que mon seigneur
« ordonne que je livre [1] son travail comme [celui de] toutes les autres ou-
« vrières de mon seigneur, parce que sa mère m'a envoyé un message, di-
« sant: Toi,... ma fille qui demeure avec toi, de peur que je ne rapporte
« à mon seigneur qu'elle est avec toi comme servante. C'est ainsi qu'elle [mé
« parla] en rapportant......»

---

[1] Mot à mot: que je porte.

Le texte s'interrompt brusquement au milieu de la phrase, sans qu'il soit possible de conjecturer quelle était l'étendue des parties qui nous manquent.

Taï était directeur d'une manufacture d'étoffes (𓄿𓏤 𓏏 𓎼𓏥), intendant des tisserandes, et son correspondant Ah'mès un des chefs d'atelier placés sous ses ordres. Autant que je puis le comprendre, Ah'mès avait parmi ses ouvrières une jeune apprentie qui ne savait pas encore son métier, et dont l'ouvrage n'était pas remis au directeur de la manufacture, comme celui des ouvrières émérites. La mère de la jeune fille se plaint à Ah'mès et le somme de faire travailler sa fille, sinon elle le dénoncera au directeur de l'exploitation. Quel peut être le motif des plaintes de cette femme? Sans doute sa fille, apprentie, et dont l'ouvrage n'était pas assez bon, ne recevait aucune paye; la mère, jugeant que sa fille devait être passée maîtresse dans son métier, s'imagine qu'Ah'mès la retient à son service personnel et s'attribue le prix de son travail. De là des menaces. Si le reste de la querelle entre Ah'mès et la mère de son apprentie ne nous est point connu, la faute en est aux lacunes du papyrus. Il semble toutefois que les soupçons de la mère aient paru fondés, puisque la jeune ouvrière fut enlevée et donnée à un autre chef d'atelier, qui probablement la payait. C'est contre cette mesure qu'Ah'mès réclame : il demande que la jeune fille lui soit rendue comme apprentie, parce qu'elle ne sait pas encore le métier, ou bien qu'on lui permette de livrer ses travaux au directeur de la manufacture, de même que ceux de ses compagnes, c'est-à-dire de lui donner la paye à laquelle sa mère prétend qu'elle a droit.

Ce petit document, tout mutilé qu'il est, a donc le mérite de nous faire pénétrer dans l'intérieur de ces manufactures de lin pour lesquelles l'Égypte était si renommée dans l'antiquité.

Chaque manufacture était placée sous la direction d'un *mer mer-u, intendant des tissus* ou *des tisserands*, qui avait à ses ordres un certain nombre de scribes, chefs d'atelier. Ces chefs d'atelier surveillaient chacun un certain nombre d'ouvriers ou plutôt d'ouvrières, car, malgré le témoignage des anciens, ce sont les femmes surtout qui s'occupaient de ce genre de travaux; ils recueillaient l'ouvrage et le remettaient à l'intendant des tissus, qui délivrait en échange la paye des ouvrières. A chaque atelier était attaché un certain nombre d'apprenties, dont l'ouvrage, trop imparfait pour être livré au commerce, n'était pas payé. Il semble que le temps de l'apprentissage n'ait pas eu une durée réglementaire; sans cela la plainte de la mère de notre ouvrière n'aurait pu avoir lieu. Il semble aussi que les chefs d'atelier aient vu dans ce silence de la loi au sujet de la durée de l'apprentissage un motif à fraudes et à prévarications. L'apprentie était déjà passée maîtresse. qu'ils continuaient à ne pas livrer son ouvrage, probablement pour se l'approprier et en tirer profit. C'est d'une fraude pareille que la mère de notre tisserande accuse Ah'mès. Peut-être l'accusation était-elle fausse et Ah'mès n'était-il pas coupable; en tout cas, si elle n'était pas fondée à son égard, elle dut l'être à l'égard de maint autre scribe, et soulever, devant les tribunaux civils de l'ancienne Égypte, maints procès scandaleux, dont le papyrus 3230 du Louvre peut nous laisser soupçonner la nature.

Je ne citerai que pour mémoire le début de lettre suivant tracé à l'encre sur un ostracon de pierre calcaire (n° 696).

« Le flabellifère à la droite du roi, nomarque, le scribe Amon-naχtû
« pour conforter le cœur de son seigneur en vie, santé, force, disant :

« Ceci est envoyé pour faire savoir à mon seigneur, aussi pour conforter
« le cœur de mon seigneur. Car je suis à..... dans la demeure du Pha-
« raon v. s. f..... »

Le scribe s'est interrompu soudain pour tracer au verso
une série de comptes daté de l'an xxxiii et de l'an xxxv probablement du règne de Ramsès III, et n'a jamais achevé sa lettre.

A part ces trois fragments, le Louvre ne possède plus qu'un
document en forme de lettre. C'est un ordre adressé par un
gouverneur de province aux généraux placés sous son com-
mandement et conservé aujourd'hui sous le numéro 3169.

L'écriture est tellement cursive, qu'en plusieurs endroits les lettres sont réduites à de simples traits de plume à peine différents les uns des autres. Elle ressemble beaucoup à celle des dernières pages du papyrus Abbott, et doit appartenir à peu près au même temps. Les groupes [illegible], [illegible] et toute la dernière ligne à peu près sont presque indéchiffrables. Je pense pourtant être parvenu à fixer le sens d'une manière satisfaisante.

« (Ligne 1) Le commandant de la province. . . . . . . (l. 2)
« *Unn*[1], chef des *Maziaû*, ... (l. 3) qu'il vienne vite avec
« lui et avec tous les hommes des capitaines (l. 4) des *Maziaû*
« qui sont dans *Pa-h'ebït,* la ville qui est sous toi[2], (l. 5) et
« que nul d'entre eux ne tarde lorsque je les appellerai (l. 6)
« selon leurs noms que j'ai avec moi par écrit. Lorsque tu
« viendras, (l. 7) sache la direction qu'ont prise les Mas'uas'
« en. . . . . . .[3] (l. 8) Ne néglige point tes devoirs et veille à
« ce que tu fais. »

C'est un ordre pour la levée et la concentration d'une troupe de gendarmerie, donné en prévision d'une attaque des Mas'uas'. La localité est suffisamment désignée par le nom de la ville [illegible] *alias* [illegible], aujourd'hui بهبيت الحجارة, *Behebït-*

---

[1] Le groupe... *Unn* semble former la fin d'un nom propre.

[2] Mot à mot : qui est *avec* toi.

[3] Plusieurs signes que je ne peux pas déchiffrer.

el-Haggar, au sud de Samanoud, l'ancienne Sébennytos, mais sur la rive *orientale* de la branche Sébennytique[1]. L'ordre de convocation est accompagné d'une recommandation importante : le chef des soldats devait se renseigner sur la marche des ennemis et signaler à son supérieur la direction qu'ils avaient prise.

Je crois que de ces circonstances on peut déduire d'une manière à peu près certaine l'époque et les faits historiques auxquels se rapporte notre manuscrit. Les Mas'uâs' sont une tribu libyenne qui donna fort à faire aux souverains de la XIXe et de la XXe dynastie. Leurs incursions sur la frontière étaient fréquentes : deux fois même sous Ménephtah, sous Necht-Séti et Ramsès III, ils envahirent et occupèrent une grande partie du Delta. Pà-H'ebït est située à l'occident du Delta : pour la menacer il fallait que les Mas'uas' eussent franchi les deux branches principales du Nil, la Canopique et la Sébennytique, et fussent en possession de la moitié de la basse Égypte. Il ne peut donc être question ici d'une incursion passagère, mais bien d'une des deux grandes invasions libyennes qui compromirent un instant l'existence de l'empire égyptien. L'invasion du temps de Ménephtah n'atteignit pas Pà-Hebït : du moins les monuments contemporains ne marquent pas qu'elle se soit étendue si loin dans la basse Égypte. D'ailleurs l'écriture de notre papyrus ne rappelle pas le type graphique de la XIXe dynastie : comme je l'ai déjà dit, elle offre les plus grandes ressemblances avec l'écriture du papyrus Abbott, et doit être rattachée au type graphique de la XXe dynastie. Je pense donc que l'ordre contenu dans le papyrus 3169 a trait à quelqu'un des épisodes de la seconde invasion du Delta par les peuples

Wilkinson. *Handbook*, p. 213-215 ; Brugsch, *G. Ins.* t. I, p. 284.

libyens unis aux peuples de la mer. On sait en effet aujourd'hui que tout le Delta fut conquis alors jusqu'à Memphis, et que Ramsès III eut fort à faire pour déloger les assaillants de la portion du territoire égyptien dont ils s'étaient emparés.

IV.

SUR LE PAPYRUS 3229 DU LOUVRE.

De même que le musée de Leyde, le Louvre possède un papyrus démotique à transcriptions grecques du genre de ceux que les premiers égyptologues appelaient papyrus gnostiques. Le manuscrit, mutilé au commencement, porte au recto les fragments de sept pages de texte d'une belle écriture analogue à celle du papyrus 1, de Leyde; le verso ne porte qu'une seule page d'une écriture plus fine que celle du recto. Chaque page est encadrée de traits rouges, et contient de vingt-sept à trente lignes d'écriture. Le texte est divisé en chapitres avec rubriques en tête, et renferme un recueil de formules magiques dont l'effet passait pour être très-puissant. Il est malheureusement trop endommagé pour qu'on puisse en donner une traduction suivie. Je me bornerai à l'analyser d'une manière sommaire en traduisant çà et là les passages les plus curieux.

La première colonne est mutilée d'une manière irréparable. C'est tout au plus si les rubriques permettent de connaître qu'elle contenait trois chapitres complets et le commencement d'un quatrième, qui se termine à la colonne suivante. L'objet commun de ces quatre conjurations était d'envoyer des songes à un individu, *heb resû n rem*. La première s'étendait de la ligne 1 à la ligne 6 : on y trouve la mention d'un scarabée χ*oper* (l. 2). La seconde va de la ligne 7 à la ligne 19 : il y est question d'un lion (l. 14), et dans la composition de la liqueur magique dont la formule accompagne l'incantation, on faisait entrer un membre d'âne blanc *n àà h'at* (l. 16) et diverses plantes. C'était une recette bonne, bonne (l. 18). La troisième formule a neuf lignes, de 19 à 27; elle devait être récitée quatre fois de suite (l. 26), et passait également pour excellente (l. 27). Dans la partie de la quatrième formule qui se trouve à la première page est nommée la pommade de lotus (*seken n sešni*) (l. 29), dont les sorciers égyptiens prisaient fort les vertus secrètes.

La seconde colonne est traversée dans sa longueur par deux déchirures : l'une qui a coupé toutes les lignes par le milieu, l'autre qui en a fait disparaître la fin. Elle renfermait la suite du texte commencé au bas de la colonne précédente.

« (Ligne 1)...... tu écris [les paroles ci-dessus (l. 2) sur la
« figure de...... tu la mets sur] la mèche de la lampe neuve
« (l. 3)..... ci-dessus (mentionnée). Tu apportes une caisse
« neuve....... (l. 4)....... tu places le lézard sur le bol
« de la lampe. [Tu récites] (l. 5) ces [paroles qui sont] ci-des-
« sus; tu les écris sur une tresse de [fin lin]...... (l. 6) Dis:
« [Oh!.......], bis, *Bahipirau*, *Psir*, *Pah*........ (l. 7)
« ..... *Batl*..... viens à moi en cette nuit; toi, [apparais par
« la vertu] de la parole [que je] (l. 8) prononce, variante,
« ....., qui est sur sa tête..... (l. 9) se tient sur la tête du
« Lotus de Râ, le dieu dont le cœur est grand. Fais qu'il en-
« voie des songes [à un tel fils d'] (l. 10) une telle par la vertu
« de la formule que je lui ai dite cette nuit.

« Réciter sept fois. »

Après cette mention, commence une autre recette dont le texte est en mauvais état. Elle renfermait un grand nombre de noms mystérieux dont la prononciation exacte était difficile à rendre en caractères égyptiens; aussi le scribe les a-t-il transcrits en lettres grecques pour la commodité des adeptes.

AUTRE CHAPITRE D'ENVOYER DES SONGES.

(Ligne 11) « Récite la formule : « Lève-toi, esprit, mâne vé-« nérable de Xent-Ament (?) que Kaber a fait. . . . . . . (l. 12) « viens à moi, agis pour moi sur une telle, par la vertu de la « voix de Râ; car je t'invoque en ton nom [de qui est] (l. 13) « dans Abydos, de qui repose dans la demeure du chef; or ce « nom c'est *Celui qui repose,* en vérité, variante, *celui qui.* . . . . « [est ton nom] (l. 14) vrai; enfant essence des dieux, achevé « de forme, *Oernun,* est ton nom vrai. . . . (l. 15) *Shalbihunu-* « *h[ûlû]* est ton nom vrai. » Suit une liste de noms magiques dont quelques-uns ont été transcrits en lettres grecques pour la plus grande commodité du magicien. « *Nunûnauâáûbih'uhân.* . . . . « (l. 16) *âáûûrnûn* [est] ton [nom] véritable! Âme des âmes, *Zek-* « *zabï.* . . . . (l. 17) *nâ* est ton nom [véritable]! Âme des âmes, « *Shalbinuh'ul* est ton nom véritable. . . . . (l. 18) *naûâáûbih'ûh'* « . . . . *nûnnaûâaûûrnûn* [est ton nom][1] véritable! Lève-toi « . . . . (l. 19) *máχaber-ew,* seigneur, esprit, génie vénérable « de Xent-Ament (?)! Car je suis. . . (l. 20) de ton nom de. . . « *iariaus, Iarathama!* Car je suis. . . . . . (l. 21) la terre! Oh! « *Sual[ph, Nebou]tosualph, Iarathama!* Car je suis. . . . . . (l. 22) « . . . . . Oh! *Sua[llanu, Neboutosoua]lltuhuma!* Éveille (?) pour « moi l'â[me. . . . .] (l. 23) esprit vénérable. . . . . après une « telle. . . . . » La formule est suivie d'une recette pour la fa-brication de l'amulette indispensable au succès de la conjura-tion. Il fallait « [tracer] (l. 25) ces noms avec le sang d'un

---

[1] Les mots *est ton nom* sont passés dans le manuscrit.

« animal » dont le nom écrit ▨R T F au moyen d'un alphabet
secret se retrouve au papyrus A 65 de Leyde sans que je
sois parvenu à le déchiffrer. Il fallait le tracer sur « la feuille
« de la plante *anzir* (?.) Tu mets un........ (l. 26) d'homme
« mort. Tu poses [un]....... d'argile sur le sommet du tout
« et (l. 27) tu récites la conjuration ci-dessus. Après que tu
« as [attendu un] moment (*ûrshû*), tu mets cela dans un lieu
« [obscur consacré au dieu] (l. 28) grand de cœur; tu [ajoutes]
« de la corne d'âne, *iab n âā*. » Il fallait ensuite poser « sur le
« sol (l. 29) » et accomplir d'autres cérémonies dont les lacunes
m'empêchent de saisir la signification.

A la fin de la première ligne de la page 3 commence une nouvelle incantation destinée à « envoyer des songes. » Elle débute
par « (l. 2) Ô génie vénérable du Nuter-χer. » Il y est question
« (l. 3) d'Osiris, d'un serviteur d'Horus dans son lit funéraire, »
et (l. 4) du tombeau d'Osiris à Abydos ⸗⸗. « Je suis l'âme
« (l. 5) [vénérable] qui habite en ses deux yeux et qui rajeunit
« ses propres membres dans l'*uzā*, éternellement. » Plus loin,
le conjurateur s'identifie avec les animaux sacrés : « (l. 8) Je
« suis le taureau des [ténèbres]! Je suis le lion ! Je suis le lion! Je
« suis (l. 9) ....! Je suis le....... de Râ, la peau de
« S'û! Je suis l'œuf du serpent! (l. 10) [Je suis] la pierre
« précieuse (Βⲉⲣⲏⲛⲓ, *gemma*) du.....[1]! Je suis le phallus (?)
« du taureau (?)! Je suis le fluide de Jouvence (l. 11). [Je suis
« le.......] vivant [en vérité (?)]. Je suis la tête vénérable
« du seigneur d'Abydos (?)! Viens à moi dans la nuit! » La
suite est trop mutilée pour que je me hasarde à la traduire.
On voit seulement que les songes envoyés par le magicien à
la personne endormie étaient des songes amoureux destinés à

---

[1] Il y a là, je crois, une allusion à la
pierre précieuse que les anciens pensaient
se trouver dans la tête du serpent et du
basilic.

lui inspirer de l'affection pour la conjuratrice; car celle-ci dit au dieu: « (l. 17) Dirige son cœur vers une telle ! » L'effet devait durer la nuit, le jour, l'éternité (l. 18). Suit la recette inévitable dont la teneur est fort endommagée. Il y est question (l. 21) « d'un pot de pommade de lotus, » de feuilles de différents arbres, de blé (l. 24). La préparation était fort longue.

« (L. 22) Tu mets les. . . . . de la tête; tu les lies (l. 23) . . . . .
« . . . . . Tu les lies sur sa tête, et tu mets sa tête (l. 24) . . . . .
« . . . . . au matin de la fête *Urshû*. . . . . Tu [apportes] des
« grains de blé, tu les mets (l. 25) . . . . Tu fais. . . . . . .
« . . . . . jusqu'à ce qu'ils se vaporisent (?) (l. 26) . . . . . Tu les
« fais. . . jusqu'à ce que. . . tu mets des. . . de la myrrhe. . .
« (l. 27). . . de l'albâtre, de la plante *anχ-ami*, de la plante *sen-*
« *nû-pet* [1], . . . sept feuilles du roseau *ager*. (Pl. IV, l. 1) . . . . .
« Tu fais [infuser] dans un vase de métal (l. 2) qui est dans
« un vase [de terre?] que tu [laisses au] feu jusqu'à ce que tout
« [soit en ébullition?]. Alors tu retires du feu, et tu fais (l. 3)
« [couler] le tout sur la tête de. . . . . et tu fais couler le sang
« de ta jambe gauche et de ta jambe droite [2] (l. 4) sur le tout.
« Tu fais bouillir (?), tu [verses sur la] tête d'une [image] de *Xent-*
« *Ament* qui a sept doigts de haut (l. 5). Tu l'ensevelis dans
« la myrrhe ainsi que le vase [et tu mets une bandelette] de fin
« lin autour d'elle. Tu prends du blé pur, tu fais faire un gâ-
« teau (l. 6) avec sa farine. . . . . . Tu dresses la figure sur le
« gâteau de blé, tu places (l. 7) le. . . . . . . sur lui. . . . . . .
« après qu'a été enseveli dans la myrrhe, comme ci-dessus, le
« vase [enveloppé] d'une bandelette (l. 8) de fin lin qui est de-
« vant lui. Tu traces les paroles qu'il [faut prononcer] sur un
« papyrus neuf [3] avec de l'eau (l. 9) de Lotem; tu le mets sur

[1] Sur ces plantes, voir *Études démo-tiques*, p. 25, note 25.

[2] Le mot *droite* a été passé par le scribe.

[3] M. Brugsch, avait traduit par *cuivre* le

« la tête de l'image et tu abats le sommet de sa tête (l. 10). Tu
« fais passer un lacis de [bandelettes] quatre fois sur sa face [et
« tu fais] un bandeau de linge de tissu blanc et noir (l. 11) au
« sommet de la tête. Tu places dans un lieu caché et tu mets
« de. . . . . ., des pierres, (l. 12) des drogues puissantes. . . . .
« sa face. Tu lui offres[1] des pains, de la bière, du lait par (l. 13)
« devant lui et tu fais couler du sang de ton doigt sur la flamme;
« tu coupes un lézard (l. 14). . . . . . . sa face, et tu récites
« cette formule sur lui, sept fois, de nuit, puis, étant dans
« un lieu caché[2] (l. 15) et pur, tu fais dormir. . . . . . . par-
« devant lui.

« C'est bon, bon. »

L'« autre chapitre de procurer des songes » débute (l. 16)
par une invocation au dieu Anubis que les lacunes m'empêchent de comprendre. Après diverses injonctions, le magicien ordonne au dieu (l. 21) : « Envoie un génie respirant à une
« telle pour qu'il se tienne à (l. 22) sa tête par l'ordre du dieu
« qui est grand de cœur. » A la ligne 23, il est question des
« crocodiles d'Isis la grande; » à la ligne 25, Anubis reçoit la
recommandation suivante : « Manifeste le sang d'Osiris-Aah'-
« Thot, la nuit (l. 26) de. . . . . » Suit la recette : « Sur une
« feuille de papyrus neuf tu traces une image d'Anubis avec du
« sang (l. 27) de. . . . . . . vrai. Tu traces la formule sous ses
« deux pieds; tu lui mets sur la bouche (l. 28) un. . . . . du
« tombeau[4]. Tu. . . . . . . Tu fais fondre au feu (l. 29); tu ar-
« roses de lait ou de rosée jusqu'à ce que. . . . . . . ou qu'un

mot que je rends par neuf. C'est ici un
équivalent de ⟨hiéroglyphes⟩ des textes hiératiques.

[1] *Utennu.*

[2] *Au-ma hap.* Ce dernier mot a été passé
par le scribe. »

[3] ⟨hiéroglyphes⟩ mot à mot : « La double de-
« meure bonne. »

« esprit paraisse devant lui. . . . . . . (l. 3o), ... C'est bon,
« bon. »

Avec la page 5 commence une autre conjuration destinée
encore à envoyer des songes. Les neuf premières lignes sont
une prière au dieu Anubis (l. 3) « pour qu'il envoie un esprit
« violent » contre un individu. (L. 9) « Prononcer ces paroles
« sur un chacal (l. 10) d'argile pure couché [sur] son [ventre],
« baigné de lait pour (simuler) les fluides du (l. 11) chacal
« du tombeau, et avec un œil symbolique tracé sur la cuisse.
« Tu écris tes paroles sur une (l. 12) feuille de papyrus neuve,
« que tu mets dans la bouche du chacal. Tu mets le chacal
« sur un bec de (l. 13) lampe dont la mèche est allumée et tu
« prononces ces formules sur lui en frappant (l. 14) le sol
« du pied.

« Incantation d'Osiris :

« Ô Isis ! Ô Nephthys ! Ô âme vénérable (l. 15) d'Osiris Un-
« nower ! viens à moi. Je suis le fils qui t'aime, ô dieu ! Ô dieux
« qui résidez dans le ciel ! (l. 16) Ô dieux qui résidez sur la terre !
« Ô dieux qui résidez dans le Nûn ! Ô dieux qui résidez (l. 17)
« au Sud ! Ô dieux qui résidez au Nord ! Ô dieux qui résidez
« à l'Occident ! Ô dieux (l. 18) qui résidez à l'Orient ! venez à
« moi en cette nuit ! Ouvrez-moi l'œil de NNN [1] par la vertu de
« la parole (l. 19) que je vous adresse ! Venez (ter) ! Accourez
« (ter) !

« Prononcer ces paroles sur un Phénix tracé à l'eau de
« myrrhe, (l. 20) à l'eau de plante ani; frotte? de gomme ton
« doigt et. . . . . Prononce (l. 21) ces paroles sur le Phénix,
« le soir, la main étendue à la face de la lune, au moment de

---

[1] Les signes que je rends ici par NNN se trouvent plus bas, à la ligne 28, employés
pour rendre le mot MEN, *un tel.*

« te déshabiller, (l. 22) et mets ton doigt sur la tête jusqu'à
« quatre fois.

« Chapitre de faire dormir [un individu].

« (l. 23) Dire l'incantation du fer qui perce la coque[1] de la
« barque *Ne'sem*. . . . . » L'incantation est assez obscure : on
voit qu'il s'agissait d'obtenir un résultat en menaçant du nau-
frage (l. 24, 25) la barque Ne'sem. Le fer mystérieux, dont il
est question en cet endroit, était mis en mouvement par les
paroles magiques et (l. 27) « perce [le corps] de celui qui est
« dans le disque solaire, perçant sa face (l. 28) de la piqûre
« dirigée contre lui, jusqu'à ce que les dieux[2] fassent dormir
« un tel fils d'un tel, pendant la nuit; jusqu'à ce qu'ils s'in-
« quiètent (p. VI, l. 1) de... jusqu'à ce qu'ils... de son
doigt.

« Dire [sur] une. . . . . [l. 2] où se tient une arme de métal
« tandis qu'une image d'Osiris est tracée sur elle (?) avec le sang
« d'un homme. Tu... (l. 3) à sa face une [tresse de] fin lin avec
« une image d'Anubis dessinée sur la mèche[3] avec du sang de
« . . . . . (l. 4) Tu distilles dans un vase neuf qui est fixé sur une
« caisse qui se tient (l. 5) au bord. . . . . Tu récites l'in-
« vocation qui est écrite dessus jusqu'à quatre fois. C'est bon,
« bon. Ouvre. . . . . . . » Suit une incantation pleine de noms
barbares, que le scribe a transcrits en lettres grecques pour la
plupart (l. 7). « Dire ces paroles : Je t'invoque, ô mâle. . . . .
« qui renouvelle toute parole! Je te récite (l. 8) tes noms qui
« sont grands et qui sont divins : Oh! *Alips, Thablips* (l. 9),
« *Satsiblips, Kaka, Repar, Thar, Thanasimat* (l. 10) *Khaorthômen-*

---

[1] *Tena*, mot à mot : la « partie arrondie
« d'un navire, » comme ici, ou d'une lampe,
comme à la p. II, l. 4 (voir p. 114 de
notre papyrus).

[2] Mot à mot : « jusqu'à ce qu'*ils*. . . »
[3] Sɪʟ, cf. ⲥⲟⲗ, *M.* ✝, *Linum, El-
lychnium.*

« *kroon, Balca, Alabakhabêl*, (l. 11) éveille-toi, ô seigneur de
« vérité! Dis-moi les paroles véritables qui sont. . . . . . . (l. 12)
« pour une telle par l'énoncé des paroles vraies. . . . . la
« cuisse d'Osiris. . . . . que je veille, (l. 13) que je la pose. »

Vient la recette habituelle. On prend (l. 13) «une lampe
« neuve dont la mèche (l. 14) est de fil de fin lin pur; tu la rem-
« plis d'une mesure (*hin*) d'huile vraie, tu allumes. Tu écris
« (l. 15) ton incantation sur une feuille de papyrus neuf; tu la
« poses sur la lampe, tu mets un brin de (l. 16) romarin (?)
« sur le bec de la lampe. Récite sur lui les noms ci-dessus men-
« tionnés, quatre fois. [L'esprit] (l. 17) viendra à toi.
« Composition de l'encre avec laquelle tu dois écrire ton in-
« cantation sur le rouleau de papyrus : (l. 18) Romarin (?),
« feuille de. . . . . . . Tu les brûles et tu ajoutes [aux cendres]
« de. . . . . . . et de la myrrhe, (l. 19) puis tu écris avec.
« Autre chapitre de mettre ton. . . . . . . en vie.
« Prononce l'incantation suivante :
« Ouvre-moi ! (l. 20) je suis l'ibis vénérable ! Je suis le. . . . . !
« Je suis le grand des combats[1], (l. 21) le scarabée ! Je suis
« le gardien du grand sein (?) ! Je suis le serpent des quatre
« dieux (?) ! (l. 22) Ouvre-moi; viens pour chercher l'excel-
« lent (?) ! *Shapal* est le nom de la déesse. . . . . Le Kushite
« (l. 23) est le nom d'Osiris ! *Kahaka* est le nom de S'û !. . .
« . . . . et je m'adresse (?) aux dieux (l. 24) tous, pour que
« je puisse placer ce. . . . . par lequel je vis !
« (Ligne 24) Dire ces paroles sur un ibis tracé à l'encre
« (l. 25) noire sur la main gauche de la personne lorsqu'elle
« voit ce. . . . . . . de vie. »

---

[1] Le signe ☒ semble ici avoir été transcrit ⲙⲟⲩ par le scribe.

L'incantation suivante promettait d'être curieuse : « Cha-
« pitre de réciter (l. 26) l'écrit pour le sceau . . . . . » Il n'en
reste plus malheureusement que deux lignes à peu près in-
tactes au bas de la sixième page : « Éveille-toi, (l. 27) éveille-
« toi au ciel inférieur, Osiris (Unnover) v. s. f. » Toute la septième page est à peu près illisible; elle renfermait la fin de
l'invocation commencée à la page 6, et une incantation où la
lune et certaines étoiles jouaient un grand rôle.

Au revers du papyrus se trouvait jadis un long texte démotique, que le copiste du Livre magique a gratté avec le plus
grand soin, mais dont quelques lettres subsistent encore çà et
là. Ce texte a été remplacé par une formule magique de vingt-
quatre lignes fort mutilée, et dont le titre est détruit. C'est à
peine si l'on trouve à chaque ligne deux ou trois mots lisibles,
que l'on ne peut relier les uns aux autres : le reste a été enlevé
par le frottement ou par l'humidité. A la septième ligne on
rencontre le mot « serpent, » à la huitième commence une série
de noms magiques dont quelques-uns sont écrits à moitié en
caractères grecs. A la ligne 15 et à la ligne 16 il est fait mention d'Anubis, probablement d'une image de ce dieu sur laquelle on devait prononcer une incantation. Dans les lignes
suivantes le magicien s'identifiait avec Isis et Osiris (l. 17) et
avec plusieurs autres dieux. Le tout se termine par une incantation en langue grecque, dont il est impossible de déchiffrer
un seul mot.

Tel est en résumé le contenu de ce papyrus. En se servant
de procédés chimiques il serait facile d'en raviver l'encre et
d'en combler les lacunes : ce qui en reste suffit à montrer
qu'il est du même temps que les papyrus gnostiques de Leyde
et renferme des formules magiques sans grand intérêt pour
la science. Il était pourtant nécessaire de le publier en *fac-*

simile et d'en donner une analyse : c'est un texte de lecture facile, dont l'examen sera d'un grand secours aux personnes désireuses de se livrer à l'étude de l'écriture et de la littérature démotiques[1].

[1] Depuis que ce travail a été lu à l'Institut en mai 1871, le catalogue des papyrus du Louvre a paru. Les papyrus étudiés tout au long dans ce mémoire se trouvent analysés et le contenu indiqué sommairement dans le travail de M. Devéria. Si parfois les résultats auxquels je suis arrivé diffèrent des conclusions de mon devancier, ce n'est guère que sur des points de détail (20 février 1875).

PAPYRUS 3230 DU LOUVRE

Planche I.

PAPYRUS 3230 DU LOUVRE

Planche II.

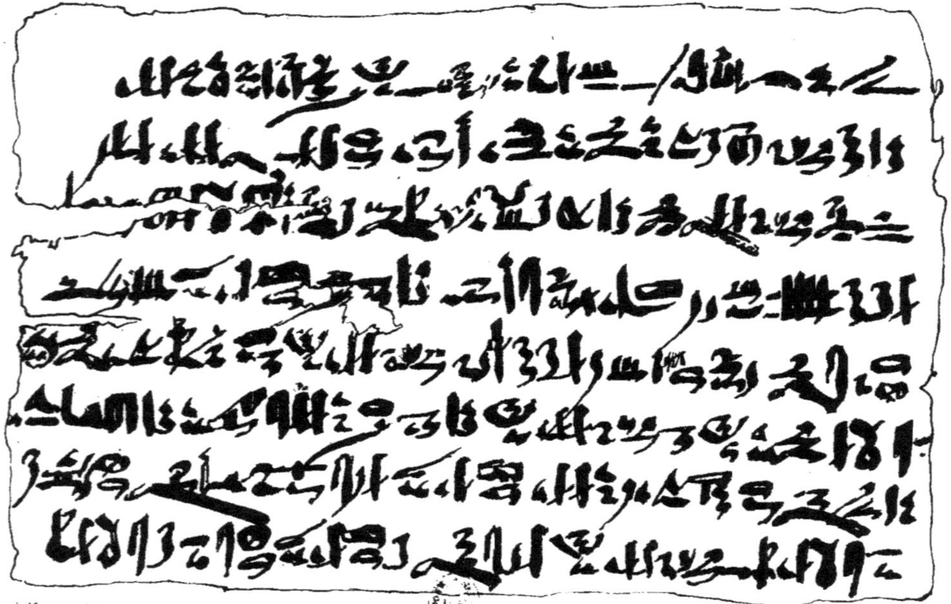

PAPYRUS 3169 DU LOUVRE.

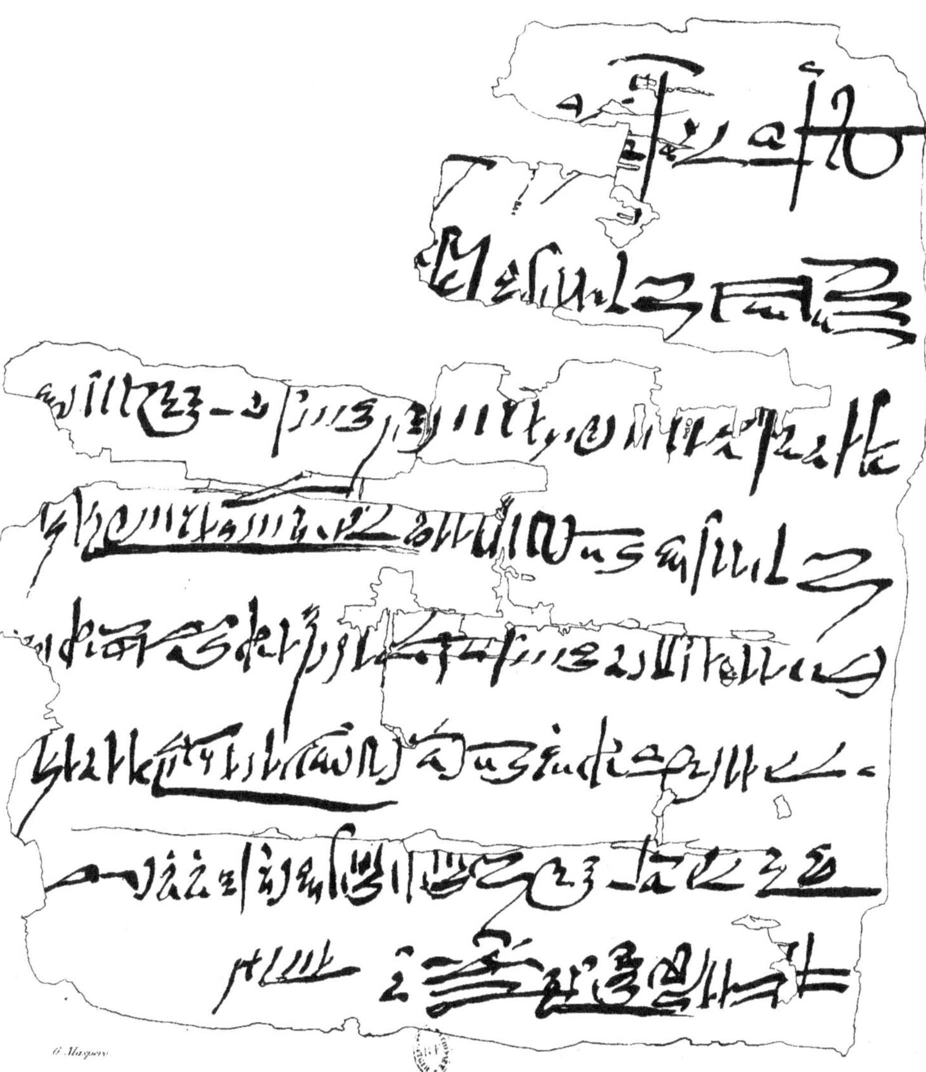

G. Maspero

G. Maspero del.

PAPYRUS 3158 DU LOUVRE
Planche I.

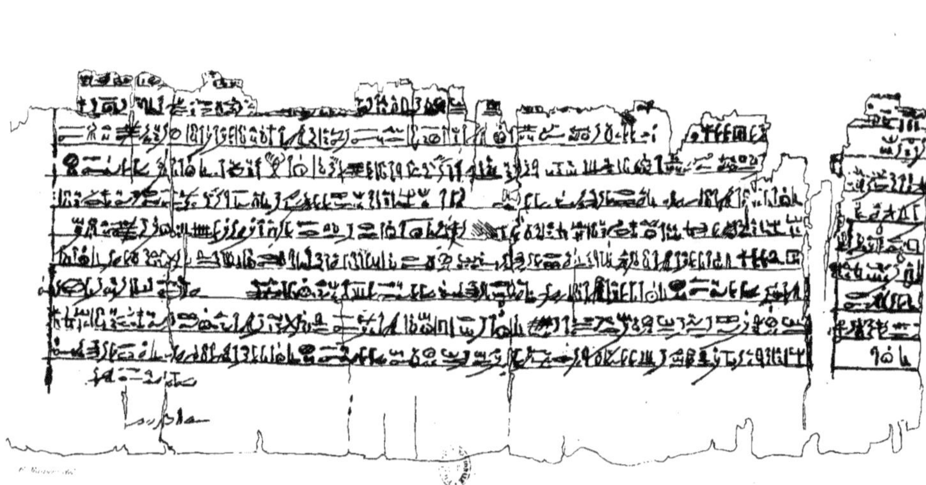

Notices et Extraits des Manuscrits, tome XXIV 1re partie

PAPYRUS 5158 DU LOUVRE

Planche II.

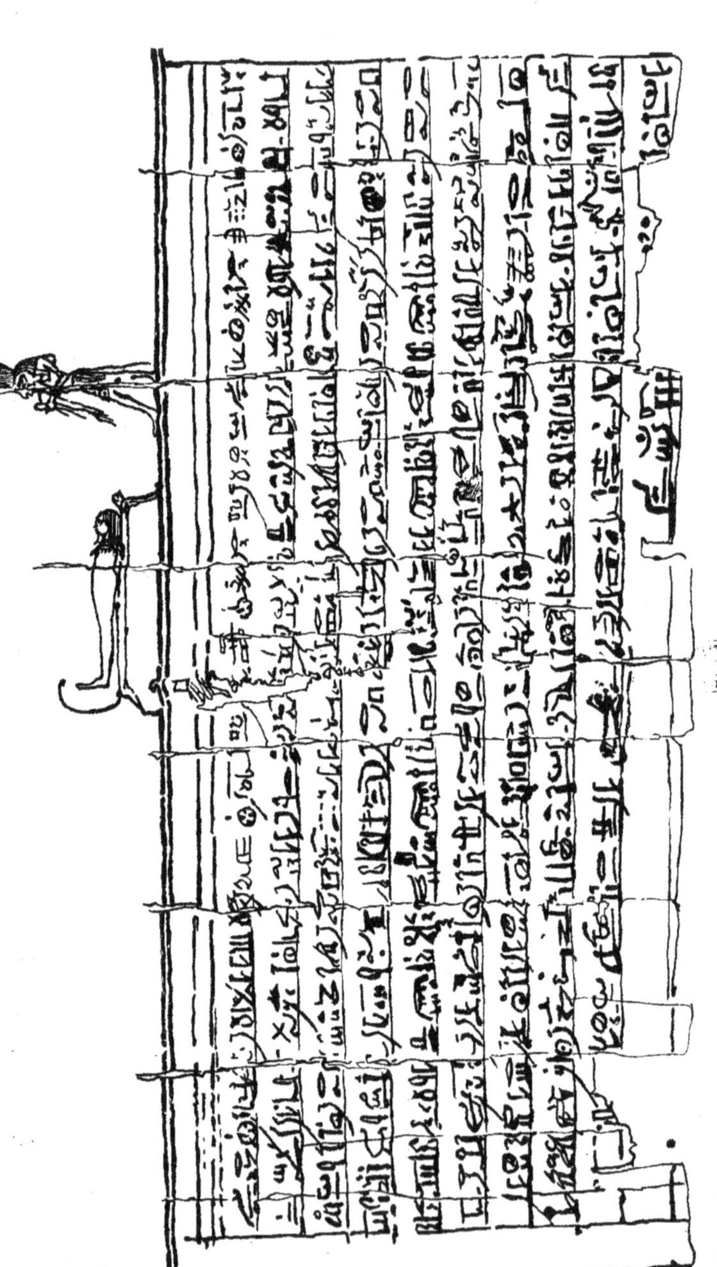

G. Maspero del.

PAPYRUS 3229 DU LOUVRE

Planche I.

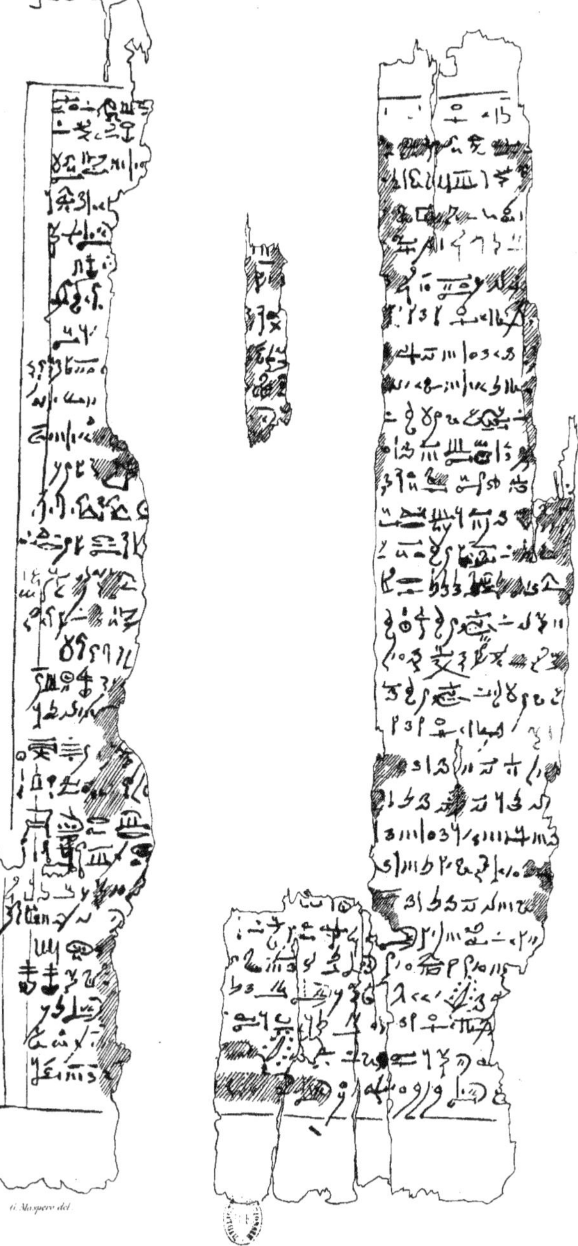

G. Maspero del.

PAPYRUS 3229 DU LOUVRE

Planche II.

G. Maspero del.

PAPYRUS 3229 DU LOUVRE

Planche III.

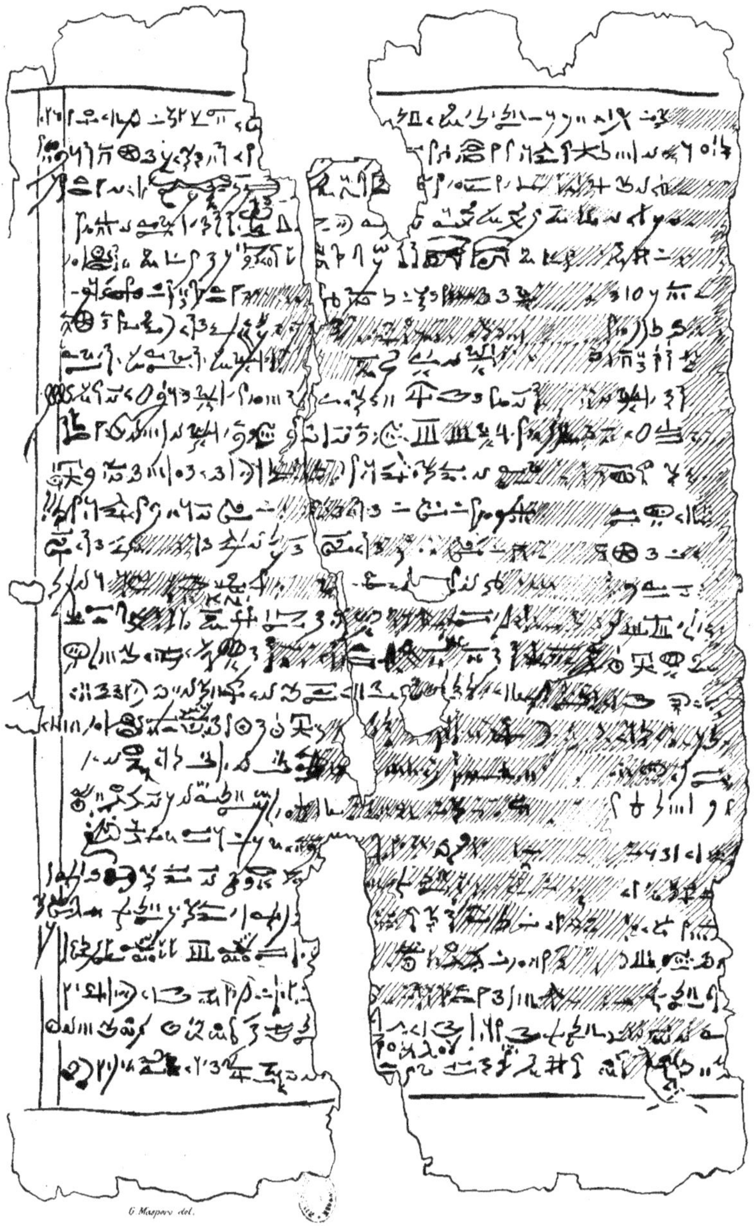

G. Maspero del.

PAPYRUS 3229 DU LOUVRE

Planche IV.

G. Maspero del.

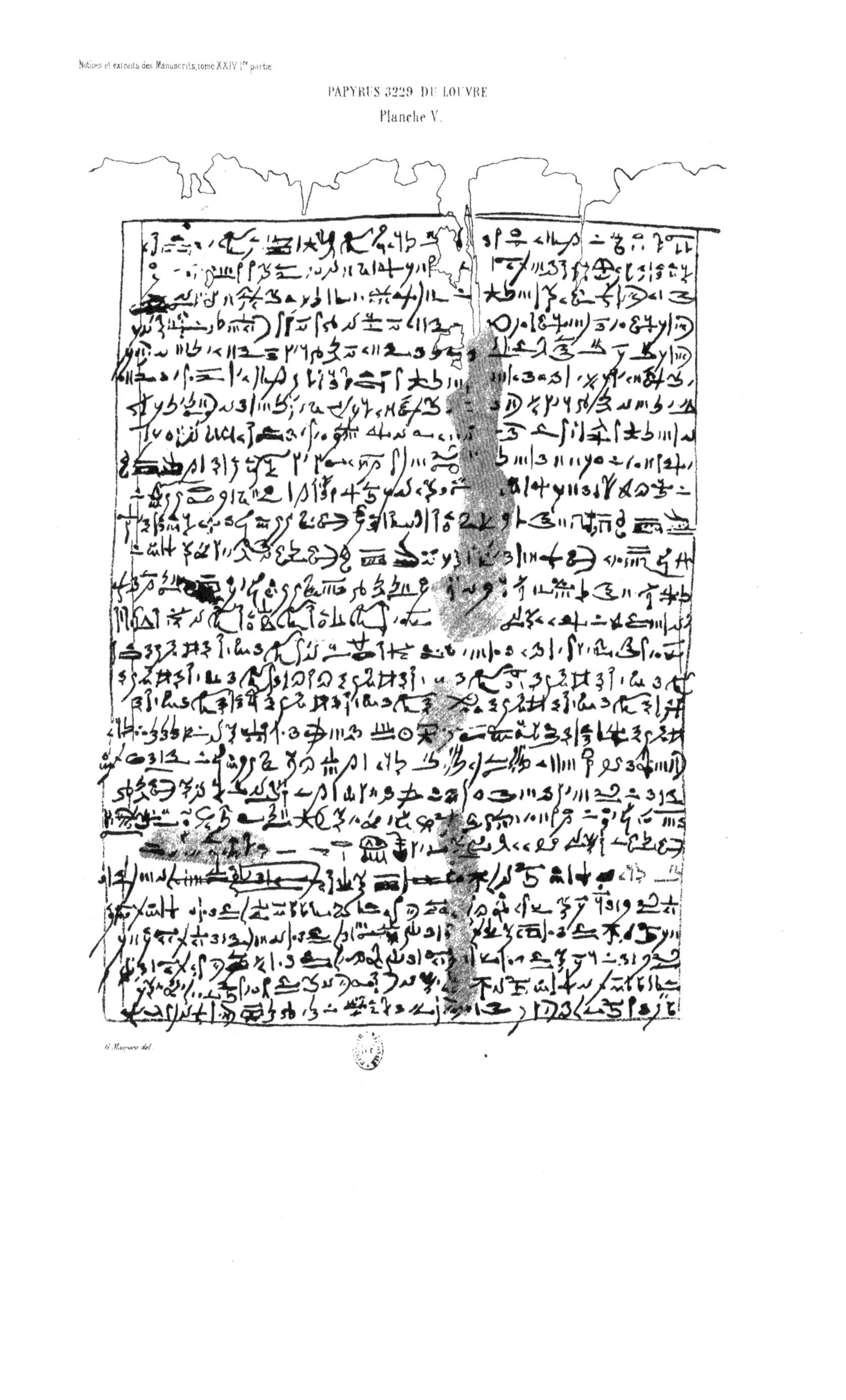

PAPYRUS 3229 DU LOUVRE

Planche V.

PAPYRUS 3229 DU LOUVRE
Planche VI.

PAPYRUS 3229 DU LOUVRE
Planche VII.

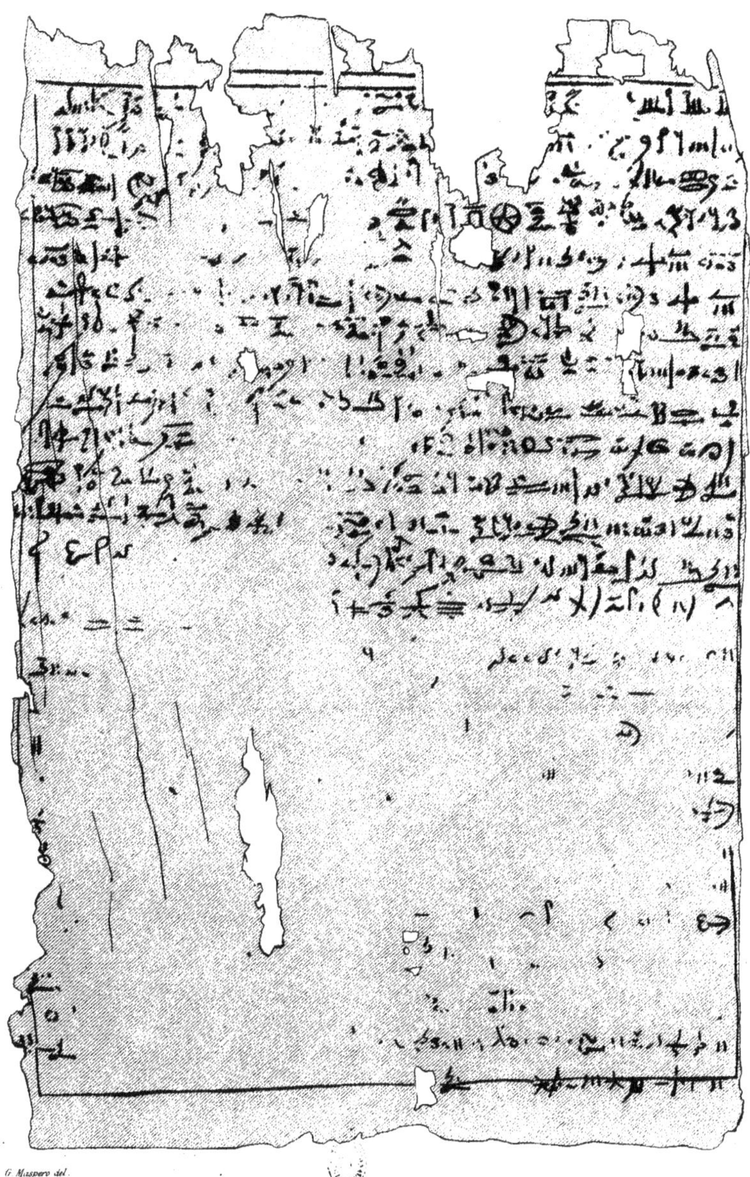

G. Maspero del.

PAPYRUS 3229 DU LOUVRE

Revers.

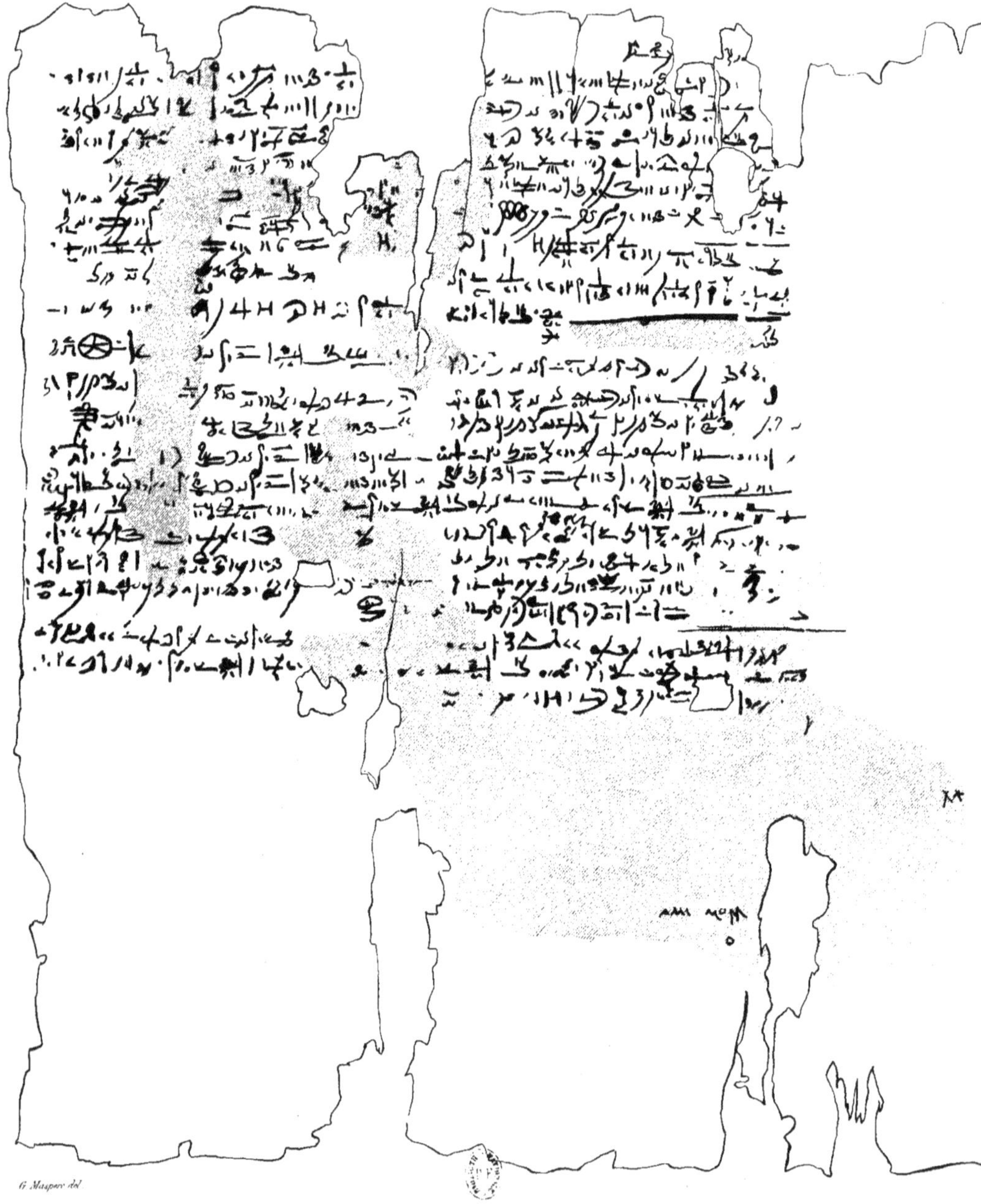

OSTRACON 696 DU LOUVRE.

G. Maspero del.